Die Geisterkaskade

Seltsame Geschichten aus Japan

Lafcadio Hearn

Die Geisterkaskade

Seltsame Geschichten aus Japan

Übersetzung aus dem Englischen von
Else Otten und Gustav Meyrink

HIBARIOS

Die deutsche Nationalbibliothek verzeichnet diese Publikation in der Deutschen Nationalbibliographie. Detaillierte bibliographische Daten sind im Internet über http://d-nb.de abrufbar.

ISBN 978-3-945058-09-1

Herstellung: Books on Demand GmbH, Norderstedt

Inhaltsverzeichnis

Vorwort

In Japan existiert ein reicher Schatz an Volkssagen, Mythen und Legenden, der über Jahrhunderte hinweg mündlich und schriftlich überliefert wurde. Darin wird, wie in keiner anderen Kultur, eine Vielzahl von ungewöhnlichen und unheimlichen Phantasiewesen beschrieben. Geister, Kobolde und Wandelwesen beängstigen und verstören die Protagonisten der Geschichten. Oft vermitteln sie durch ihr Handeln aber auch eine Botschaft, um dem Leser den rechten Weg der Tugend zu weisen.

Lafcadio Hearn war ein Schriftsteller griechisch-irischer Abstammung, der von 1890 bis zu seinem Tod 1904 in Japan lebte. In dieser Zeit sammelte er wie ein Besessener unheimliche Geschichten und übertrug diese, mit interpretierenden Anmerkungen versehen, in die englische Sprache. Diese Erzählungen unterscheiden sich fundamental von den Horrorgeschichten westlichen Ursprungs. Überraschende Schockeffekte stehen hier weniger im Vordergrund als vielmehr grundlegende menschliche Empfindungen, wie Angst, Trauer und Einsamkeit, aber auch der Sinn für Schönheit und Glück. Hearns Werke beschreiben das Irreale, spiegeln aber dennoch Gefühle und Verhaltensmuster, wie man sie auch heute noch in der japanischen Gesellschaft beobachten kann.

„Die Geisterkaskade" komplettiert nach „Kwaidan" und „Die Versöhnung des Samurai" die kleine Serie der im Hibarios-Verlag erschienenen Bände mit phantastischen Erzählungen von Lafcadio Hearn. Die englischen Originalfassungen wurden zwischen 1895 und 1902 in Hearns Werken „Out of the East: Reveries and Studies in New Japan", „Gleanings in Buddha-Fields", „In Ghostly Japan", und „Kottō: Being Japanese Curios, with Sundry Cobwebs" veröffentlicht. Eine der Geschichten, „Das Bild in der Teetasse", im Original „In a Cup of Tea", war Bestandteil des Episodenfilms „Kwaidan" von Masaki Kobayashi, der im Jahre 1964 auf die Kinoleinwand gebracht wurde.

Der Text der vorliegenden Ausgabe lehnt sich weitgehend an die Übersetzungen von Else Otten und Gustav Meyrink an, die zwischen 1908 und 1925 erstmals veröffentlicht wurden. In Fällen substanzieller Abweichung von der englischen Originalausgabe, zum Beispiel fehlender Fußnoten, wurden Ergänzungen durchgeführt.

Die in diesem Band enthaltenen Illustrationen stammen von Genjiro Yeto. Dieser war, wie Lafcadio Hearn, ein Wandler zwischen den Kulturen. Er kam 1893 in die USA, wo er zunächst Kunst studierte und später für verschiedene Buchverlage als Illustrator der Werke von Lafcadio Hearn und Yonejirō Noguchi arbeitete, bevor er 1911 nach Japan zurückkehrte.

Klaus Lerch — Kaarst, im August 2015

幽霊の滝

Die Legende vom Yūrei-Daki

In der Nähe des Dorfes Kurosaka in der Provinz Hōki stürzt ein Wasserfall von den Felsen, der den Namen Yūrei-Daki, die Geisterkaskade, trägt. Warum er so heißt, weiß ich nicht. An seinem Fuße steht ein Shintōschrein, der Gottheit des Ortes geweiht, den die Bewohner Taki-Daimyōjin nennen, und vor dem Schrein befindet sich eine Saisen-bako, eine kleine hölzerne Geldbüchse, in die die Gläubigen ihre Opfergaben zu werfen pflegen. Über diese Geldbüchse erzählt man sich folgende Geschichte:

An einem eiskalten Winterabend vor etwa 100 Jahren hatten sich die Frauen und Mädchen, lauter Arbeiterinnen und Angestellte einer sogenannten Asatoriba, einer Hanffaktorei, in Kurosaka nach vollbrachtem Tagwerk um den großen erzenen Kohlenkessel im Spinnraum versammelt und vertrieben sich die Zeit damit, einander Geistergeschichten zu erzählen. Wohl ein Dutzend solcher Geschichten war vom Stapel gegangen, und die allgemeine Gruselstimmung hatte bereits ihren Höhepunkt erreicht, da rief ein junges Mädchen, um den Genuss am Furchtgefühl noch zu steigern:

„Wie wär's, wenn wir heute Nacht, eine nach der andern, zum Yūrei-Daki-Wasserfall gingen?"

Der Vorschlag entfesselte ein allgemeines Gekreisch, gefolgt von Ausbrüchen nervösen Gelächters.

„Wenn eine von uns hingeht", sagte eine der Arbeiterinnen, „so schenke ich ihr den ganzen Hanf, den ich heute versponnen habe!"

„Und ich ebenfalls", rief eine zweite.

„Ich desgleichen", sagte eine dritte.

„Wir alle, wir alle", schrien sämtliche Spinnerinnen durcheinander.

Da stand eine gewisse Yasumoto-o-Katsu, das Weib eines Zimmermanns, auf. Sie hatte ihr einziges Söhnchen, ein Kind von zwei Jahren, das fest schlief, warm eingehüllt auf ihrem Rücken befestigt.

„Hört", sagte sie, „wenn ihr mir wirklich fest versprecht, all den Hanf, den ihr heute versponnen habt, zu geben, so will ich zum Yurei-Daki gehen."

Ihre Worte wurden mit Ausrufen des Erstaunens, gemischt mit Spott, aufgenommen, aber schließlich nahm man O-Katsus Vorschlag an, und jede der Spinnerinnen gab die Versicherung ab, ihr den gesamten verarbeiteten Hanf des Tages auszuliefern, falls sie zum Wasserfall Yūrei-Daki ginge.

„Wie können wir aber wissen, dass sie bestimmt dort war?" fragte eine spitzige Stimme misstrauisch.

„Nun, so soll sie die Opferbüchse des Gottes mit herbringen", meinte eine alte Frau, die unter den Spinnerinnen Obaa-san, die Großmutter, hieß, „das wird der beste Beweis sein!"

„Gut, ich werde die Büchse mitbringen", rief O-Katsu und eilte hinaus auf die Straße, ihr schlafendes Kind auf dem Rücken.

Die Nacht war frostig, aber klar. O-Katsu lief die leere Straße hinab; die Türen der Häuser waren fest verschlossen wegen der grimmigen Kälte. O-Katsu eilte durch das Dorf und lief auf der Landstraße dahin – pichà-pichà – durch die große Stille der gefrorenen Reisfelder, und nur das kalte Licht der Sterne erhellte ihren Weg. Eine halbe Stunde lang rannte sie so auf der offenen Straße, dann bog sie ab in einen engen Seitenpfad, der sich unter Felsen hinzog. Immer dunkler und rauer wurde der Weg, aber sie kannte ihn gut, und bald hörte sie das dumpfe Dröhnen des Wasserfalls vor sich. Ein paar Minuten, und der Pfad erweiterte sich zu einer Schlucht, und plötzlich hatte sich das dumpfe Dröhnen in ein lautes betäubendes Gebrüll verwandelt. Hell schimmerte der Wasserfall hervor aus dichtester Finsternis. O-Katsu sah die verschwommenen Umrisse des Shintōschreins. Sie streckte die Hand aus, da…

„Oi![1] O-Katsu-San!“ rief plötzlich warnend eine Stimme, das Brausen des Wassers übertönend.

Mit einem Ruck blieb O-Katsu stehen, fast erstarrt vor Schrecken.

»Oi! O-Katsu-San!“ rief wiederum die Stimme, aber diesmal klang es wie eine Drohung.

Doch O-Katsu war ein mutiges Weib. Kaum hatte sie sich ein wenig von ihrem Schrecken erholt, da sprang sie auch schon auf die Geldbüchse zu, riss sie an sich und floh. Weder hörte sie noch sah sie etwas, was sie hätte beunruhigen können, bis sie die offene Landstraße erreichte. Einen Augenblick blieb sie stehen, um Atem zu schöpfen, dann rannte sie weiter – pichà-pichà –, so schnell sie konnte, und machte nicht eher halt, bis sie Kurosaka erreicht hatte. Mit der Faust schlug sie an die Tür der Asatoriba.

Man öffnete ihr. Wie die Frauen und Mädchen aufschrien, als sie eintrat, keuchend – die Opferbüchse des Gottes in der Hand! Mit angehaltenem Atem hörten sie ihr zu, als sie ihre Geschichte erzählte. Die Mädchen kreischten laut auf, als sie berichtete, wie eine Stimme aus den behexten Wassern heraus zweimal ihren Namen gerufen hatte. Was für ein Weib! Tapfere O-Katsu! Gut hast du dir den Hanf verdient!

„Aber deinem Söhnchen muss kalt sein, O-Katsu!“ rief die Obaa-san, „macht Platz, dass wir ihn ans Feuer legen können!“

„Und Hunger wird er haben“, fiel der Mutter ein; „ich muss ihm sofort seine Milch geben!“

„Arme O-Katsu!“ sagte die Obaa-san, während sie half, das Kind aus den Tüchern zu wickeln, „was ist denn das? Du bist ja ganz nass am Rücken!“

Dann schrie sie plötzlich entsetzt auf: „Arà, es ist Blut!“

[1] Der Ausruf Oi! Wird verwendet, um die Aufmerksamkeit einer Person zu erzeugen. Er ist im Japanischen das Äquivalent für „Hallo“ in der deutschen Sprache.

Und als die wollenen Hüllen aufgeschnürt wurden, da fiel ein blutgetränktes Bündel Säuglingskleider heraus, und zwei kleine braune Füßchen wurden sichtbar – zwei winzige braune Händchen – sonst nichts mehr.

Der Kopf des Kindes war abgerissen!

Das Bild in der Teetasse

Hast du jemals die Treppe irgendeines alten Turmes erklommen, die sich in der Dunkelheit emporwindet, und kennst du das Gefühl, das einen da beschleicht, mitten im Herzen tiefer Finsternis, am spinnwebdünnen Rande des Nichts? Oder hast du einmal einen Küstenpfad verfolgt, der sich an einer Klippe hinzieht, um dich plötzlich auf dem zackigen Rand eines schmalen Dammes zu entdecken? Der Gefühlswert einer solchen Erfahrung lässt sich nur messen an der Wucht der Empfindungen, die da in einem aufwachen, und an der Lebendigkeit, die sie in unserer Erinnerung einnehmen.

Ähnlich seltsame Eigenschaften wohnen gewissen Phantasiefragmenten inne, die wir in alten japanischen Geschichtenbüchern finden. Sie erwecken in uns ähnliche Gefühle wie die oben erwähnten. Mag sein, dass der Erzähler faul und nachlässig war, vielleicht wurde er plötzlich vom Schreibtisch weggerufen und kam nicht mehr zurück. Vielleicht hatte er einen Streit mit seinem Verleger. Vielleicht hat ihm mitten im angefangenen Satz der Tod den Schreibpinsel aus der Hand geschlagen! Kein Sterblicher vermag uns genau anzugeben, aus welchem Grunde derlei Erzählungen wohl unvollendet geblieben sind. Ich führe hier ein typisches Beispiel an:

Am vierten Tage des ersten Monats im dritten Tenwa – was so viel heißt wie: ungefähr vor zweihundertundzwanzig Jahren – machte der Graf Nakagawa Sado, als er gerade auf dem Wege war, eine Neujahrsvisite abzustatten, mit seinem Gefolge vor einem Teehause in Hakusan im Hongōdistrikt von Yedo halt. Während die Gesellschaft ausruhte, füllte sich einer der Begleiter des Grafen, ein adeliger Wakatō[2] namens Sekinai, da er heftigen Durst empfand, selber

[2] Der bewaffnete Begleiter eines Samurai wurde so genannt. Das Verhältnis eines Wakatō zu einem Samurai war wie das eines Knappen zu einem Ritter.

einen großen Wasserbecher mit Tee. Er wollte gerade zu trinken beginnen und hatte bereits die Lippen angesetzt, als er plötzlich in der klaren gelben Flüssigkeit das Bild oder vielmehr die Spiegelung eines Gesichtes sah, das nicht sein eigenes war. Verblüfft schaute er sich um, konnte aber niemand erblicken, der in seiner Nähe gewesen wäre. Nach der Haartracht zu schließen, schien das Gesicht in dem Teebecher das eines jungen Samurai zu sein. Es war seltsam ausdrucksvoll und überaus schön – dabei zart wie das eines Mädchens. Es schien die Spiegelung eines lebenden Antlitzes zu sein, denn Lippen und Augen bewegten sich. Verwirrt durch die Seltsamkeit dieses Begebnisses prüfte Sekinai sorgfältig das Äußere des Gefäßes. Es war ohne Zweifel ein ganz billiger Wasserbecher und trug keinerlei Anzeichen, die auf künstlerische Herstellung hingewiesen hätten. Sekinai füllte ein anderes Gefäß, und wiederum blickte ihm aus dem Tee das Gesicht entgegen. Er ließ frischen Tee kommen, füllte ihn in den Becher ein – und abermals erschien das fremde Gesicht darin. Diesmal mit einem unverkennbar spöttischen Ausdruck. Aber Sekinai war nicht leicht zu erschrecken und hatte sich vollkommen in der Gewalt.

„Wer du auch seist", murmelte er, „lange sollst du mich nicht zum besten haben".

Dabei schluckte er den Tee, das Gesicht, und was sich sonst noch gespiegelt hatte, hinunter und ging seines Wegs, gewissermaßen neugierig, ob er vielleicht am Ende gar einen Geist verschlungen habe.

Spät am Abend desselben Tages wurde Sekinai, als er im Schlosse des Grafen Nakagawa noch wach war, durch das geräuschlose Eintreten eines Fremden überrascht. Dieser Eindringling, ein reich gekleideter junger Samurai, setzte sich ohne weitere Umstände ihm gegenüber, nachdem er ihn mit einer leichten Verbeugung begrüßt hatte.

„Ich bin Shikibu Heinai", begann er, „und bin Ihnen heute zum ersten Mal begegnet. Sie scheinen sich aber meiner nicht mehr zu entsinnen."

Er sprach mit sehr leiser, aber ungemein durchdringender Stimme. Sekinai war erstaunt, dasselbe böse, wenn auch schöne Gesicht wiederum vor sich zu sehen, das er bereits in der Teetasse erblickt und getrunken hatte. Es lächelte auch jetzt – genau so, wie es als Phantom gelächelt hatte, aber der unverwandte fixierende Blick der Augen war, im Gegensatz zu dem Lächeln der Lippen, eine Herausforderung und eine Beleidigung zugleich.

„Nein, ich entsinne mich Ihrer nicht", erwiderte Sekinai, innerlich wütend, jedoch äußerlich kalt, „aber vielleicht haben Sie die Güte, mir mitzuteilen, wer Ihnen erlaubt hat, in das Zimmer hier zu kommen!"

Er glaubte sich zu dieser Frage umso mehr berechtigt, als in den damaligen feudalen Zeiten die Residenz eines Grafens zu jeglicher Stunde aufs strengste bewacht war und niemand unangemeldet eintreten konnte, es sei denn infolge unverantwortlicher Nachlässigkeit seitens der waffentragenden Dienerschaft.

„Ah, Sie erkennen mich also nicht!" höhnte der Fremde und rückte ein wenig näher, „natürlich, Sie erkennen mich nicht! Trotzdem Sie mir heute Morgen eine tödliche Beleidigung zugefügt haben!..."

Sekinai griff sofort nach seinem Tantō[3], dem kurzen Schwert, das jeder Samurai neben dem langen Schwert im Gürtel trägt und führte einen blitzschnellen Stoß nach der Kehle seines Gegners aus. Aber die Klinge traf nicht auf stofflichen Widerstand. Im selben Augenblick und geräuschlos, wie er gekommen, sprang der Eindringling in die Wand des Zimmers, gewissermaßen durch sie hindurch, ohne einen Riss oder dergleichen zu verursachen! Ähnlich wie das Licht einer Kerze über die Wandung einer Papierlaterne hinhuscht.

Als Sekinai den Vorfall meldete, erregte seine Erzählung die höchste Verwunderung und Bestürzung bei den Zuhörern. Niemand im Schlosse wollte einen Fremden kommen oder gehen sehen haben, gar zur Stunde des Begebnisses, und niemand im Gefolge des Grafen hatte jemals den Namen „Shikibu Heinai" gehört.

In der darauffolgenden Nacht hatte Sekinai keinen Hofdienst und weilte zu Besuch bei seinen Eltern. Zu ziemlich vorgerückter Stunde wurde ihm gemeldet, dass einige Fremde vorgesprochen und

[3] Das kürzere der beiden Schwerter eines Samurai. Das längere Schwert wurde Katana genannt.

gewünscht hätten, ihn einen Augenblick sprechen zu dürfen. Sekinai nahm sein Schwert, ging hinaus und sah drei bewaffnete Männer vor der Eingangstür stehen, anscheinend Diener oder Boten eines Adeligen. Die drei verbeugten sich respektvoll vor Sekinai, und einer von ihnen ergriff das Wort:

„Unsere Namen sind Matsuoka Bungō, Tsuchibashi Bungō und Okamura Heiroku. Wir sind Diener des Ritters Shikibu Heinai. Als unser Herr Ihnen gestern Nacht einen Besuch abzustatten geruhte, haben Sie ihn mit einem Schwerte verwundet. Er ist schwer verletzt worden und war infolgedessen genötigt, die heißen Quellen aufzusuchen, wo seine Wunde zurzeit behandelt wird. Aber am 16. Tage des kommenden Monats wird er zurückkehren und Ihnen sodann die Beleidigung, die Sie ihm zugefügt haben, gewissenhaft heimzahlen."

Sekinai ließ den Sprecher nicht ausreden. Er hatte keine Lust, noch weiteres zu hören, stürzte mit dem Schwert in der Hand vor und teilte links und rechts Hiebe aus. Die drei Männer jedoch sprangen in die Wand des anstoßenden Hauses, glitten wie Schatten daran entlang und...

Hier endet die alte Erzählung, ihr Schluss ist begraben mit den Gehirnen, die ihn gekannt haben, aber zu Asche geworden sind vor Jahrhunderten.

Ich könnte mir leicht so manchen Schluss der Geschichte ausdenken, aber schwerlich würden sie dem Geschmack eines europäischen Lesers gerecht werden. Daher überlasse ich es jedem einzelnen, sich selber auszumalen, was alles dabei herauskommen kann, wenn man eine Seele hinunterschluckt.

Nüchterner Verstand

Auf dem Berge, den sie Atagoyama nennen, in der Nähe von Kyōto, lebte einst ein gelehrter Priester, der seine ganze Zeit in Meditation und im Studium der heiligen Bücher zubrachte. Der kleine Tempel, in dem er wohnte, lag fern von jeglicher menschlichen Behausung, und er hätte in solcher Einsamkeit unmöglich leben können, wenn nicht fromme Landleute ihn allmonatlich mit Gemüse und Reis versorgt hätten.

Unter diesem gutmütigen Volk war auch ein Jäger, der bisweilen auf der Suche nach Wild den Berg besuchte. Eines Tages, als er wieder einmal einen Sack mit Reis zum Tempel trug, sagte der Priester zu ihm:

„Freund, ich muss dir erzählen, dass wunderbare Dinge sich hier begeben haben, seit ich dich das letzte Mal sah. Freilich weiß ich nicht, wieso solche Begebenheiten sich in meiner unwürdigen Gegenwart zutragen konnten, aber du weißt, dass ich meine Zeit in Andacht zuzubringen pflege und seit vielen Jahren täglich die heilige Sutras murmele. Immerhin wäre es ja möglich, dass die wunderbaren Erscheinungen, die mir widerfahren sind, eine Folge dieser religiösen Übungen sind. Ich kann nicht länger zweifeln, dass der Bodhisattwa Samantabhadra, den wir in Japan „Fugen Bosatsu" nennen, allnächtlich, auf einem Elefanten reitend, hier zum Tempel kommt. Warte hier mit mir, Freund, bis die Nacht gekommen sein wird, dann wirst du mit eigenen Augen sehen und dem Buddha deine Verehrung darbringen können."

„Zeuge eines so überaus heiligen Vorgangs sein zu dürfen", entgegnete der Jäger, „wäre allerdings eine hohe Auszeichnung! Mit größter Freude will ich hierbleiben und mit dir zusammen meine Verehrung darbringen."

Und so blieb der Jäger und schlug in der Nähe des Tempels sein Lager auf. Aber während der Priester seinen religiösen Übungen oblag, begann der Jäger über die geschilderten und ihm in Aussicht gestellten Wunder nachzudenken, und Zweifel, ob so etwas möglich sei, stiegen in ihm auf. Und je mehr er darüber nachgrübelte, desto heftiger wurden seine Zweifel. Nun lebte außer dem Priester noch ein kleiner Junge, ein sogenannter Akolyth oder Tempeldiener, an dem Orte, und der Jäger benützte eine günstige Gelegenheit, ihn auszufragen.

„Der Priester hat mir gesagt", begann er, „dass der Fugen Bosatsu jede Nacht zum Tempel kommt. Hast du den Fugen Bosatsu auch gesehen?"

„Bereits sechsmal!" entgegnete der kleine Akolyth. „Ich habe den Fugen Bosatsu mit eigenen Augen gesehen und ihm in Demut meine Verehrung dargebracht."

Diese Erklärung steigerte jedoch nur den Verdacht des Jägers, obwohl er in die Wahrhaftigkeit des Jungen nicht die geringsten Zweifel setzte. Immerhin sagte er sich, dass vielleicht auch er dasselbe würde sehen können wie der Junge, und konnte die Stunde kaum erwarten, die ihm Gewissheit bringen sollte.

Kurz vor Mitternacht kam der Priester ihm melden, die Zeit der Erscheinung des Fugen Bosatsu sei nahe. Die Türen des kleinen Tempels wurden weit geöffnet, und der Priester kniete auf der Schwelle nieder, das Gesicht gegen Osten gekehrt. Zu seiner Linken kniete der kleine Akolyth, und der Jäger stellte sich in respektvoller Entfernung hinter den Priester.

Es war die 20. Nacht des neunten Monats, eine furchterregende, dunkle, stürmische Nacht. Lange, lange warteten die drei auf das Kommen des Fugen Bosatsu, aber endlich erschien im Osten ein weißleuchtender Punkt, wie ein Stern, näherte sich mit großer Schnelle, wurde größer und größer, bis er schließlich den Bergabhang hell beschien. Dann nahm er urplötzlich Gestalt an, die Gestalt eines göttlichen Wesens, auf einem schneeweißen Elefanten mit sechs Stoßzähnen reitend. Und im nächsten Augenblick bereits war der Elefant mit seinem leuchtenden Reiter vor dem Tempel angelangt und blieb dort stehen, turmgleich, wie ein Berg von Mondlicht, wundervoll und unheimlich zugleich.

Da warfen sich der Priester und der Knabe nieder und begannen in glühender Inbrunst die heilige Anrufung des Fugen Bosatsu zu beten. Plötzlich aber sprang der Jäger hinter ihnen auf, den Bogen in der

Hand, spannte die Sehne mit voller Kraft und schoss einen langen Pfeil auf die leuchtende Erscheinung, der sich zischend, bis an die Federn, in der Brust des Buddha begrub.

Sofort, mit einem Krachen wie Donnerschlag, erlosch das weiße Licht, und die Erscheinung war verschwunden. Wie vorher umheulte wiederum nachtschwarze Windsbraut den Tempel.

„Elender!" schrie der Priester jammernd auf, Tränen tiefster Verzweiflung in den Augen, „O du verworfener elender Mensch! Was hast du getan, was hast du getan!"

„Verehrungswürdiger, beruhige dich und höre mir zu!" sagte der Jäger gelassen. „Du dachtest, du könntest den Fugen Bosatsu sehen, weil du dir einige Verdienste durch beständiges Meditieren und Hersagen der Sutras erworben hast. Stünde die Sache so, dann würde der Buddha dir allein erschienen sein, nicht aber mir und auch nicht dem Jungen da. Ich bin ein unwissender Jäger, und mein Beruf ist das Töten. Einem Wesen das Leben zu nehmen ist aber verabscheuungswürdig in den Augen der Buddhas. Wie also könnte ich würdig befunden werden, den Fugen Bosatsu zu schauen? Man hat mich gelehrt, dass die Buddhas immerwährend um uns sind, dass wir sie aber nicht sehen können wegen unserer Unwissenheit und infolge unserer Unvollkommenheiten. Du, ja du, der du ein gelehrter Priester bist und ein reines Leben führst, du könntest freilich einer solchen Erleuchtung teilhaftig werden, so dass du fähig würdest, die Buddhas zu schauen! Wie aber sollte ich, ein Mensch, der Tiere tötet bloß um seines Lebensunterhaltes willen, eine solche Kraft je bekommen können! Und doch konnten dieser kleine Junge und ich dasselbe sehen, was du gesehen hast. Darum sei versichert, Verehrungswürdiger, das, was du gesehen hast, war nicht der Fugen Bosatsu! Es war böser dämonischer Spuk, ins Werk gesetzt, um dich zu täuschen, vielleicht, um dich zu verderben. Ich bitte dich, versuche deine Gefühle zu bemeistern, bis der Tag anbricht. Dann werde ich dir den Beweis erbringen, dass ich die Wahrheit gesprochen habe."

Als die Sonne aufgegangen war, untersuchten der Jäger und der Priester die Stelle, wo die Erscheinung gestanden hatte, und entdeckten eine dünne Blutspur, die einige hundert Schritte weit führte. – Dort stießen sie auf den Körper eines großen, toten Dachses, den der Pfeil des Jägers durchbohrt hatte.

Der Priester, obwohl ein gelehrter und frommer Mann, hatte sich leichtgläubig von einem Dachs, dessen Körper die Dämonen gerne zu ihren Zaubereien benutzen, täuschen lassen. Der Jäger hingegen hatte trotz seiner Irreligiosität, lediglich mit scharfem Verstand und Mutterwitz ausgerüstet, sofort eine gefährliche Illusion durchschaut.

Ikiryō[4]

Im Reiganjimaviertel in Yedo stand einstmals ein großer Porzellanladen, der der Setomonodana hieß. Ein reicher Mann namens Kihei war der Besitzer. Kihei hatte seit vielen Jahren in seinem Geschäft einen Prokuristen, einen gewissen Rokubei, unter dessen umsichtiger Leitung das Unternehmen glänzend prosperierte und schließlich einen solchen Umfang annahm, dass Rokubei eines Tages erklärte, ohne Hilfe die Arbeit allein nicht mehr bewältigen zu können. Er bat daher seinen Chef um die Erlaubnis – und erhielt sie auch –, einen erfahrenen Gehilfen anstellen zu dürfen. Er engagierte daraufhin einen seiner eigenen Neffen, einen jungen Mann von etwa 22 Jahren, der den Porzellanhandel in Ōsaka gelernt hatte.

Der Neffe erwies sich als ein sehr fähiger Gehilfe, geschäftstüchtiger noch als sein erfahrener Onkel. Der Absatz der Waren nahm beständig zu, und Kihei war ungemein zufrieden. Nach ungefähr sieben Monaten wurde der junge Kommis schwer krank, und es hatte den Anschein, als sei er dem Tode verfallen. Man berief die besten Ärzte in Yedo, damit sie ihm beistünden, aber keiner vermochte die Ursache der Krankheit zu erkennen. Sie verschrieben keinerlei Medizin und gaben schließlich ihrer Meinung dahin Ausdruck, das Übel müsse irgendeinen seelischen Kummer zur Wurzel haben.

Rokubei vermutete eine tiefgehende geheime Verliebtheit und sagte daher zu seinem Neffen:

„Ich kann den Gedanken nicht loswerden, dass dich irgendeine Herzensangelegenheit schwer bedrückt und dass vielleicht sie die Schuld an deinem Leiden trägt. Sollte ich Recht haben, so glaube ich, wäre es das Beste, du teiltest mir offen deine Kümmernisse mit. Ich vertrete doch gewissermaßen dir gegenüber die Stelle eines Vaters, da deine

[4] Wörtlich bedeutet dies „lebende Seele". Das ist sozusagen der Geist einer lebendigen Person. Ein Ikiryō kann sich im Zorn vom Körper lösen und fortwährend die Person heimsuchen und peinigen, die den Zorn ausgelöst hat.

Elternweit weg von hier wohnen. Sei also versichert, dass ich für dich alles tun würde, was dein Vater täte. Kann mit Geld geholfen werden, so schäme dich nicht und sage es mir, auch wenn die Summe noch so hoch sein sollte. Ich glaube, ich könnte dir helfen und bin fest überzeugt, auch Kihei würde sich freuen, dich wieder glücklich und gesund zu machen, koste es, was es wolle."

Der kranke junge Mann wurde sichtlich verlegen bei diesen freundlichen Versicherungen seines Onkels, blieb eine Weile stumm, raffte sich sodann auf und sagte:

„Niemals in dieser Welt werde ich deine so hochherzigen Worte vergessen können, aber ich habe keinerlei geheimes Herzensbündnis geschlossen, auch verzehrt mich keine Begierde nach irgendeinem Weibe. Die Krankheit, unter der ich leide, kann von Ärzten nicht geheilt werden, und auch mit Geld kann mir in keiner Weise geholfen werden. Die Wahrheit ist: Ich werde so verfolgt in diesem Hause, dass mir am Leben gar nichts mehr liegt. Wo ich gehe und stehe, bei Tag und bei Nacht, ob im Laden oder in meinem Zimmer, ob allein oder in Gesellschaft unablässig auf Schritt und Tritt folgt mir und quält mich der Schemen einer Frau. Oh, wie lange ist es her, dass ich nachts noch schlafen konnte! Kaum schließe ich die Augen, schon fasst mich der Schemen an der Kehle und würgt und drosselt mich. – Ich kann nicht mehr schlafen ..."

„Und warum hast du mir all das nicht schon längst gesagt?" forschte Rokubei.

„Weil ich dachte", erwiderte der Neffe ausweichend, „es hätte keinen Zweck, es dir mitzuteilen. Der Schemen ist nicht das Gespenst eines Toten. Er ist dem Hasse einer lebenden Person entsprungen, einer Person, die du sehr genau kennst."

„Welcher Person?" fragte Rokubei, höchlichst erstaunt.[5]

„Der Herrin dieses Hauses", flüsterte der junge Mann stockend, „der Gattin Kihei samas... sie wünscht mich zu töten."

---

[5] Einen Ikiryō kann nur die Person sehen, die von ihm heimgesucht wird. Eine weitere Erklärung dieses seltsamen Glaubens findet sich in dem Kapitel „The Stone Buddha“ in meinem Werk „Out oft he East“, S. 171.

Rokubei war äußerst bestürzt über diese Mitteilung. Er bezweifelte keineswegs, was sein Neffe gesagt hatte, konnte sich jedoch nicht erklären, weshalb die Frau seines Chefs den jungen Menschen mit solchem Hasse verfolgte. Ein Ikiryō kann entstehen als Folge verschmähter Liebe oder glühenden Hasses, und die Person, die ihn ins Leben ruft, braucht durchaus von seiner Existenz nichts zu wissen. Liebe in dem vorliegenden Falle anzunehmen war so gut wie ausgeschlossen, denn die Gattin Kiheis hatte offensichtlich die Fünfzig bereits überschritten. Andererseits, was konnte der junge Kommis begangen haben, um solchen Hass bei ihr zu entzünden? Und nur ein ganz ungewöhnlich starker Hass musste es sein, der einen Ikiryō hätte erzeugen können. Aber der junge Mann, darüber bestand kein Zweifel, benahm sich stets tadellos, war unfähig taktloser Handlungen und kam seinen Pflichten doch ernst und gewissenhaft nach! Das Geheimnis bedrückte Rokubei schwer, aber nach langem Überlegen fasste er sich schließlich ein Herz und beschloss, Kihei ins Vertrauen zu ziehen und die genauesten Nachforschungen anzustellen.

Kihei war außer sich, aber seit vierzig Jahren hatte er niemals den leisesten Grund gefunden, an den Worten Rokubeis zu zweifeln. Er nahm sich sogleich seine Gattin vor, fragte sie gründlich aus und erzählte ihr sodann, was der kranke Kommis gesagt habe. Zuerst wurde sie bleich und brach in Tränen aus, dann aber nach längerem Zögern beichtete sie:

„Ich glaube, der Kommis hat, was den Ikiryō betrifft, die Wahrheit gesprochen. Ich habe mir gewiss alle Mühe gegeben, weder durch Worte noch durch Blicke die tiefe Abneigung zu verraten, die ich nun einmal - ich kann mir nicht helfen - ihm gegenüber empfinde. Du weißt selbst, wie überaus tüchtig er im Geschäft ist und wie geschickt er alles anpackt. Und du selbst hast ihm jegliche Autorität im Hause eingeräumt, über die Angestellten wie über die Dienerschaft. Andererseits ist unser einziger Sohn, der doch einmal die Firma erben soll, so einfältigen Herzens und so leicht zu betrügen, dass ich immer denken muss, dieser geschickte neue Kommis wird schließlich unseren guten Jungen um alles bringen und sich selbst zum Herrn des Unternehmens machen. Ich fühle es wie eine unabwendbare Gewissheit, dass es ihm jederzeit ein leichtes sein muss, unsere Firma und mit ihr unseren einzigen Sohn zu Fall zu bringen. Und mit dieser Gewissheit im Herzen finde ich keine Ruhe mehr, ich kann mir nicht helfen: Ich fürchte und hasse diesen Menschen! –Wie oft habe ich mir gewünscht, er möchte sterben! Oft und oft habe ich gewünscht, es läge in meiner Macht, ihn zu töten. Ja, ich weiß, es ist schlecht, jemand in dieser Weise zu hassen, aber es ging über meine Kraft, meine Gefühle zu bemeistern. Nacht und Tag habe ich ihm Böses gewünscht, und ich zweifle auch nicht, dass er das Ding, von dem er Rokubei erzählte, wirklich gesehen hat."

„Es ist eine Verrücktheit von dir", rief Kihei, „dich selbst so zu quälen! Bis zur heutigen Stunde hat der Kommis nicht das geringste Tadelnswerte begangen, und doch hast du ihn so grausam leiden lassen! Wenn ich ihn jetzt wegschickte, samt seinem Onkel, in eine andere Stadt vielleicht, um dort eine Filiale des Geschäftes zu gründen und zu leiten, könntest du dich dann nicht entschließen, freundlicher von ihm zu denken?"

„Wenn ich sein Gesicht nicht mehr sehe und seine Stimme nicht mehr höre", erwiderte Kiheis Gattin, „und du ihn wirklich aus dem Hause entfernst, dann, glaube ich, würde es mir auch gelingen, meinen Hass niederzuhalten."

„Versuche es wenigstens", rief Kihei, „denn gelingt es dir nicht und du fährst fort, ihn zu hassen wie bisher, so muss er sicherlich sterben, und du wirst den Tod eines Menschen auf dem Gewissen haben, der uns nur Gutes erwiesen hat. Wahrhaftig, er ist bisher der beste Diener gewesen, den man sich denken kann."

Und unverzüglich traf Kihei alle Maßnahmen, eine Filiale seines Unternehmens in einer anderen Stadt zu gründen. Er schickte Rokubei mit dessen Neffen hin, dass sie die Leitung übernähmen. Seitdem ist der Ikiryō nicht mehr erschienen, und der junge .Mann hat in kurzer Zeit seine Gesundheit wiedergewonnen.

Shiryō[6]

Nach dem Tode Nomato Yajiyemons, eines „Daikwan"[7] oder Distriktsgouverneurs in der Provinz Echizen, kamen dessen Beamte hinterlistigerweise überein, die Familie ihres verstorbenen Herrn zu betrügen. Unter dem Vorwande, sie hätten einige Schulden des Daikwan zu bezahlen, eigneten sie sich alles Geld, sämtliche Wertgegenstände und das Mobiliar des Hauses an. Außerdem fertigten sie gefälschte Schriftstücke an, die glaubhaft machen sollten, der Verblichene sei auf ungesetzmäßige Art Verpflichtungen eingegangen, die die Höhe seines Vermögensbei weitem überstiegen. Diese gefälschte Aufstellung sandten sie an den Saishō[8], und dieser verfügte daraufhin, dass die Witwe und die Kinder Nomatos aus der Provinz Echizen ausgewiesen wurden, da zu jenen Zeiten nach dem Gesetze die Familie eines Daikwan, selbst wenn dieser bereits gestorben war, für alles, was er begangen hatte, aufs strengste verantwortlich gemacht wurde.

Fast im selben Augenblick, als dieser Verbannungsbeschluss der Witwe Nomatos amtlich mitgeteilt wurde, begab sich an einem Dienstmädchen des Hauses etwas höchst Merkwürdiges. Sie wurde von Krämpfen und Schaudern befallen, wie jemand, der besessen ist, und als der Anfall vorüber war, stand sie auf und schrie die Beamten des Saishō und die betrügerischen Angestellten des Verstorbenen an:

„Hört mich jetzt an! Es ist nicht ein Mädchen, das hier zu euch spricht; ich bin es: Yajiyemon, Nomato Yajiyemon, der zu euch zurückgekehrt ist von den Toten. In Kummer und großem Zorn kehre ich zurück, in

---

[6] Der Begriff Shiryō, „toter Geist" – sozusagen der Geist einer toten Person – wird als Gegensatz zu zum Ausdruck Ikiryō verwendet, der die Erscheinung des Geistes oder der Seele eines Lebenden bezeichnet.

[7] Ein Daikwan stand unter der direkten Kontrolle des Shōgunats. Er übte bürgerliche und juristische Funktionen aus.

[8] Ein Saishō war ein hoher Beamter des Shōgunats, dessen Pflichten denen eines Premierministers entsprachen.

Kummer und Zorn haben mich die versetzt, denen ich Vertrauen geschenkt hatte. Oh, ihr niederträchtigen und undankbaren Diener! Habt ihr all die Wohltaten vergessen, die ich euch erwies, dass ihr mein Vermögen gestohlen und meinen Namen geschändet habt! Hier in meiner Gegenwart bringt die Rechnungsbücher des Gouvernements zur Stelle und sendet einen Boten zum Metsuke[9], um die behördlich geführten Bücher zu bringen, damit beides miteinander verglichen werde."

Als diese Worte aus dem Munde des Mädchens kamen, gerieten alle Anwesenden in Erstaunen, denn ihre Stimme und die Art zu sprechen waren dieselben wie die Nomato Yajiyemons. Die betrügerischen Beamten des toten Daikwan erbleichten. Die Beamten des Saisho aber befahlen sofort, dass den Anordnungen des Mädchens Folge geleistet werde. Sämtliche Rechnungsbücher wurden ihr vorgelegt, und als die Akten des Metsuke zur Stelle geschafft waren, begann die Prüfung. Ohne einen einzigen Fehler zu machen, sah das Dienstmädchen die Rechnungen durch, addierte die Summen und stellte jede falsche Eintragung richtig. Jeder Buchstabe, den sie niederschrieb, deckte sich genau mit der Handschrift Nomato Yajiyemons.

Als die Kontrolle der Bücher abgeschlossen war, ergab sich, dass der Daikwan nicht nur nichts schuldete, sondern sogar einen Überschuss zu seinen Gunsten hatte. Die Schuld der Betrüger lag klar zutage.

Als der Sachverhalt ordnungsgemäß festgestellt war, sagte das Mädchen genau im Tonfall, der Nomato Yajiyemon bei seinen Lebzeiten eigen gewesen war:

„So, jetzt ist die Angelegenheit beendet, und ich kann in der Sache nichts weiter mehr tun. Also werde ich an den Ort zurückkehren, von dem ich gekommen bin."

Gleich darauf legte sich das Mädchen nieder und verfiel sofort in einen tiefen Schlaf, wie eine Tote, der zwei Tage und zwei Nächte dauerte. Große Müdigkeit und tiefer Schlaf befallen auch Besessene, wenn der

---

[9] Der Metsuke war ein Regierungsbeamter, der die Aufgabe hatte, die Handlungen der lokalen Statthalter und Richter zu überwachen und deren Berichte zu prüfen.

Geist, der von ihnen Besitz ergriffen hat, wieder aus ihnen gewichen ist. Als das Mädchen aus dem Schlafe erwachte, waren ihre Stimme und ihre Art zu sprechen wieder vollkommen die eines jungen Dienstmädchens, und niemals, weder damals noch später, konnte sie sich erinnern, was sich begeben hatte, als der Geist Nomato Yajiyemons in sie eingetreten war.

Sofort wurde dem Saishō ein genauer Bericht des seltsamen Vorkommnisses vorgelegt, und der Saishō machte nicht nur die verfügte Verbannung auf der Stelle rückgängig, sondern er machte der Familie des Daikwan außerdem noch große Geschenke. Später wurden Nomato Yajiyemon noch verschiedene posthume Ehren erwiesen, und durch viele Jahre hindurch genoss seine Familie von der Regierung so viele Begünstigungen, dass es ihr in jeder Hinsicht ausgezeichnet ging. Die betrügerischen Beamten entgingen ihrer wohlverdienten Strafe nicht.

Die Geschichte der O-Kamé

O-Kamé, eine Tochter des reichen Gonyémon in Nagoshi in der Provinz Tosa, liebte ihren Gatten Hachiyémon über alle Maßen. Sie war 22 Jahre alt und Hachiyémon 24. Sie hatte ihn so lieb, dass die Leute sagten, sie sei eifersüchtig, aber er gab ihr niemals auch nur den leisesten Anlass dazu, und es steht fest, dass niemals ein unfreundliches Wort zwischen ihnen fiel.

Unglücklicherweise war die Gesundheit O-Kamés sehr zart. Nach kaum zwei Jahren ihrer Ehe wurde O-Kamé von einer Krankheit befallen, die damals in Tosa grassierte, und die besten Ärzte waren nicht imstande, sie zu heilen. Menschen, die von dieser Krankheit ergriffenwurden, konnten weder essen noch trinken, waren beständig müde und benommen und wurden von sonderbaren Delirien heimgesucht. Trotz sorgsamster Pflege wurde O-Kamé von Tag zu Tag schwächer und schwächer, und schließlich konnte niemand mehr zweifeln, auch sie selbst nicht, dass sie dem Tode verfallen war!

Sie ließ ihren Gatten zu sich kommen und sagte zu ihm: »Ich kann dir gar nicht mit Worten ausdrücken, wie gut du zu mir gewesen bist während dieser schrecklichen Krankheit. Kein anderer Mensch auf dieser Welt hätte lieber zu mir sein können. Aber all das macht es mir noch schwerer, von dir zu scheiden. Bedenke, ich bin noch nicht einmal fünfundzwanzig, habe den besten Gatten auf der Welt, und muss sterben! Nein, nein, es ist zwecklos, mir noch Hoffnung zusprechen zu wollen, selbst die besten chinesischen Ärzte konnten mir nicht helfen. Ich habe gedacht, ich hätte noch ein paar Monate zu leben, aber als ich heute Morgen mein Gesicht im Spiegel sah, da wurde mir klar, dass ich noch heute sterben muss. Ja, heute noch! Aber ich habe noch etwas auf dem Herzen, das ich dich bitten möchte für mich zu tun, falls du willst, dass ich ganz glücklich sterben kann."

„Sag mir, was es ist", entgegnete Hachiyémon, „und wenn es irgend in meiner Macht steht, es zu tun, so werde ich mehr als froh sein, es vollbringen zu dürfen."

„Nein, nein - du wirst nicht froh darüber sein", erwiderte sie, „du bist ja noch so jung! Es ist schwer, sehr schwer, es dir auch nur anzudeuten und dich darum zu bitten. Aber der Wunsch danach brennt wie Feuer in meiner Brust. Ich muss sprechen, bevor ich sterbe! Mein Liebling, du kannst dir denken: Früher oder später, nachdem ich tot sein werde, werden sie dich bestürmen, eine andere Frau zu nehmen. Willst du mir versprechen, nicht wieder zu heiraten?"

„Weiter nichts?" rief Hachiyémon. „Nun, wenn das alles ist, worum du mich zu bitten hast, so kann ich deinen Wunsch leicht erfüllen. Aus vollem Herzen verspreche ich dir, dass niemals eine andere deine Stelle einnehmen soll."

„Aah! Uréshiya!" schrie O-Kame und richtete sich mühsam in ihrem Bette auf, „oh, wie glücklich hast du mich gemacht!"

Und sie fiel tot zurück.

Bald nach dem Hinscheiden O-Kamés fing Hachiyémon an zu kränkeln. Anfangs schob man die Veränderung in seinem Aussehen dem natürlichen Kummer zu, und die Leute sagten sich: „Wie lieb muß er sie gehabt haben!" Als aber Monate vergingen und er immer blässer und schwächer wurde, bis er schließlich so dünn und durchsichtig war, dass er mehr einem Geiste als einem Menschen von Fleisch und Blut glich, da begannen die Leute zu argwöhnen, Gram allein könne unmöglich die Ursache eines solchen Verfalls bei einem doch noch so jungen Manne sein. Die Ärzte stellten fest, dass Hachiyémon an keiner bekannten Krankheit litte. Sie sagten, sie könnten sich seinen Zustand nicht anders erklären, denn als Folge einer völlig ungewöhnlichen seelischen Erschütterung. Hachiyémons Eltern drangen vergeblich in ihn. Er sagte immer wieder, er habe durchaus keinen Grund zur Sorge, und seinen einzigen Kummer kennten sie ja. Sie rieten ihm, sich wieder zu verheiraten. Er aber protestierte gegen eine solche Zumutung aufs heftigste und beteuerte, nichts auf der Welt könne ihn vermögen, ein Versprechen, das er der Toten gegeben, zu brechen.

Von da an verfiel Hachiyémon sichtlich immer mehr und mehr. Tag für Tag wurde er, blasser und schwächer, und schließlich begann seine Familie daran zu verzweifeln, ihn noch länger am Leben zu erhalten. Eines Tages nun beschwor ihn seine Mutter, die die deutliche Empfindung hatte, er verheimliche ihr irgendetwas, so ernstlich, ihr die wahre Ursache seines Hinsiechens zu sagen, und vergoss so heiße Tränen dabei, dass er ihrem Drängen nicht länger zu widerstehen vermochte.

„Mutter", sagte er, „es ist schwer, über diese Angelegenheit zu sprechen, weder zu dir, noch zu sonst jemand, und selbst wenn ich es täte, du wärst kaum fähig, mir Glauben zu schenken. Die Wahrheit ist, dass O-Kamé keine Ruhe finden kann in jener anderen Welt und dass die buddhistischen Totenrituale, die für sie abgehalten werden, wirkungslos verhallen. Vielleicht will sie absichtlich keine Ruhe, außer ich gehe mit ihr auf die lange dunkle Reise. Jede Nacht seit dem Tag ihres Begräbnisses ist sie zurückgekommen. Und manchmal zweifle ich, ob sie wirklich tot ist, denn sie handelt, als ob sie lebe, und sieht vollkommen einer Lebenden gleich, nur spricht sie stets mit mir im Flüsterton. Und immer bittet sie mich, niemand zu sagen, dass sie zu mir kommt. Mag sein, sie möchte, dass ich sterbe Ich meinesteils hänge nicht mehr am Leben. Freilich, es ist wahr, wie du gesagt hast: In Wirklichkeit haben meine Eltern ein Anrecht auf meinen Körper, und ihnen gegenüber steht meine Pflicht an erster Stelle. Darum, Mutter, habe ich dir die volle Wahrheit erzählt. Ja, jede Nacht kommt O-Kamé zu mir, immer, wenn ich mich schlafen lege und bleibt bei mir bis Tagesgrauen. Sobald sie die Tempelglocke schlagen hört, geht sie fort."

Als die Mutter Hachiyémons diese Mitteilung vernommen hatte, bemächtigte sich ihrer die größte Aufregung. Sie eilte sogleich zum Friedhofstempel und erzählte dem Priester, was ihr Sohn ihr gebeichtet hatte, und bat um Hilfe gegen das Gespenst. Der Priester, ein steinalter, erfahrener Mann, hörte ihr unbewegt zu und sagte dann:

„Es ist nicht das erste Mal, dass ich solche Dinge vernehme, und ich glaube, ich werde deinen Sohn noch retten können. Tatsächlich schwebt er in großer Gefahr. Ich habe den Schatten des Todes bereits auf seinem Gesicht gesehen, und kommt O-Kamé noch ein einziges

Mal zu ihm zurück, so erlebt er keinen Sonnenaufgang mehr. Was für ihn noch getan werden kann, muss schnell geschehen. Sag deinem Sohne kein Wort mehr über die Angelegenheit, aber rufe die Mitglieder beider Familien sobald wie möglich zusammen und sage ihnen, sie sollen unverzüglich hierher zum Tempel kommen. Um deines Sohnes willen ist es nötig, das Grab O-Kamés zu öffnen."

Alsbald versammelten sich die Verwandten vor dem Tempel, und als der Priester ihre Einwilligung erhalten hatte, das Grab öffnen zu dürfen, führte er sie zum Friedhof. Unter seiner Leitung wurde der Leichenstein O-Kamés entfernt, die Gruft geöffnet und der Sarg herausgehoben, und als man den Deckel abhob, fuhren die Anwesenden entsetzt zurück: Vor ihnen saß O-Kamé (die Japaner pflegen ihre Toten in sitzender Stellung zu begraben) mit lächelndem Gesicht und einem Ausdruck, so lieblich wie in den Tagen vor ihrer Krankheit. Kein Zeichen des Todes war an ihr zu sehen. Als der Priester seinen Gehilfen befahl, die Leiche aus dem Sarg zu heben, da steigerte sich das Erstaunen der Anwesenden zu höchster Furcht, denn der Körper der Toten war warm anzufühlen und biegsam wie im Leben, trotz der unnatürlichen hockenden Stellung, in der er so lange hatte verharren müssen.[10]

Man trug die Leiche zur Totenkapelle, und dort malte der Priester mit dem Schreibpinsel auf Stirn, Brust und Glieder der Toten die Sanskritbuchstaben (Bonji) gewisser heiliger talismanischer Worte. Dann zelebrierte er eine Segakimesse für den Geist O-Kamés, ehe er gestattete, dass man die Leiche wieder der Erde zurückgab.

Niemals mehr hat O-Kamé ihren Gatten besucht, und Hachiyémon erlangte allmählich wieder seine Gesundheit und Jugendkraft. Ob er seinem Versprechen treu geblieben ist? Darüber schweigt der japanische Geschichtenerzähler.

[10] Tote werden in Japan in sitzender Position beerdigt, in einem Sarg mit annähernd quadratischer Basis.

Die Fliege

Ungefähr vor 200 Jahren lebte in Kyōto ein Kaufmann namens Kazariya Kyūbei. Sein Laden lag in der Straße, die sie Teramachidōri nennen, südlich vom Shimabara-Durchlass. Er hatte ein Dienstmädchen namens Tama, eine Eingeborene der Provinz Wakasa.

Tama wurde von Kyūbei und seiner Gattin stets aufs freundlichste behandelt und schien an beiden sehr zu hängen. Sie hielt nicht darauf, wie andere Mädchen sich nett zu kleiden, und wenn sie Feiertag hatte, ging sie immer im Arbeitskittel aus, obwohl ihr das Ehepaar mehrere sehr hübsche Kleider geschenkt hatte. Sie war bereits fünf Jahre im Dienste Kyūbeis, da fragte er sie eines Tages, warum sie eigentlich kein Gewicht darauf lege, nett auszusehen.

Tama errötete bei dieser Frage und gab respektvoll zur Antwort:

„Als meine Eltern starben, war ich noch ein ganz kleines Mädchen, und es oblag mir, für meine Eltern die buddhistischen Totenriten vollziehen zu lassen. Damals besaß ich die Mittel dazu nicht, aber ich nahm mir vor, dass ihre Ibai (Totentafeln) im Tempel, genannt Jūrakuji, hängen sollten und dass die bisher unterbliebenen Riten nachgeholt werden müssten, sobald ich das Geld dafür besäße. Und um das bewerkstelligen zu können, habe ich getrachtet, alles Geld und die Kleider zu sparen. Vielleicht bin ich darin zu weit gegangen, denn Sie finden, ich vernachlässige zu sehr mein Äußeres. Immerhin habe ich bereits hundert Mommé in Silber für den Zweck, den ich Ihnen nannte, zurückgelegt. Habe ich mein Versprechen einmal eingelöst, dann werde ich auch alles daransetzen, in Ihren Augen nett zu erscheinen. Bitte, verzeihen Sie mir also mein bisher so ruppiges Aussehen und meine Nachlässigkeit!"

Kyūbei war tief gerührt durch dieses schlichte Bekenntnis. Er sprach überaus freundliche Worte zu dem Mädchen, versicherte ihr, sie habe hinfort volle Freiheit, sich zu kleiden, wie es ihr beliebe und lobte ihre Kindestreue und Anhänglichkeit.

Bald nach diesem Gespräch war Tama instand gesetzt, die Totentafeln ihrer Eltern in den Tempel Jōrakuji hängen und die dazugehörigen Riten vollziehen zu lassen. Von dem Geld, das sie gespart hatte, brauchte sie dazu nur siebzig Mommé, den Rest von dreißig Mommé bat sie ihre Herrin, für sie aufzuheben.

Bei Beginn des darauffolgenden Winters wurde Tama plötzlich krank. Nach kurzem Krankenlager starb sie am elften Tage des ersten Monats im fünfzehnten Jahre Genroku (1702). Kyūbei und seine Gattin waren darüber sehr betrübt.

Ungefähr zehn Tage später kam eine große Fliege ins Haus geflogen und begann ohne Unterlass rund um Kyūbeis Kopf herum zu surren. Kyūbei war darüber umso erstaunter, als Fliegen dieser Art während der strengen Kälteperiode niemals auftauchen und gar so große selbst in der wärmsten Jahreszeit überaus selten sind. Die Fliege behelligte Kyūbei dermaßen, dass er beschloss, sie zu fangen und aus dem Hause zu bringen. Er ging dabei so behutsam wie möglich zu Werke, um sie nicht zu verletzen, denn er war ein strenggläubiger Buddhist. Aber bald kam die Fliege wieder ins Haus zurück. Sie wurde abermals gefangen und nochmals hinausgetragen. Als sie aber ein drittes Mal zurückkam, dachte sich die Gattin Kyūbeis, es sei das doch eine seltsame Sache.

„Ich möchte gerne wissen, ob das nicht am Ende Tama ist", sagte sie. (Die Toten, besonders solche, die zum sogenannten Gaki-Seelenzustand vorschreiten, kehren zuweilen in der Form von Insekten auf die Erde zurück.) Kyūbei lachte darüber und meinte:

„Nun, vielleicht bezeichnen wir sie mit einem Merkmal, damit wir sie wiedererkennen." Er fing die Fliege, knipste ein wenig von ihren Flügelspitzen mit einer Schere ab, trug sie sodann weit vom Hause weg und gab ihr die Freiheit.

Am nächsten Tag war sie wieder da. Kyūbei bezweifelte noch immer, dass ihre Rückkehr irgendwelche geisterhafte Bewandtnis habe, fing sie wieder und bemalte ihr den Körper und die Flügel rot und trug sie aus dem Hause, aber diesmal sehr weit, und ließ sie los. Zwei Tage später kam sie abermals zurück, ganz rot. Kyubei hörte auf zu zweifeln.

„Du kannst recht haben", sagte er zu seiner Frau. „Sie will etwas, aber was?"

Die Frau antwortete: „Ich habe noch 30 Mommé aus Tamas Ersparnissen. Vielleicht braucht sie sie, um für ihren Geist eine buddhistische Messe lesen zu lassen. Sie war immer sehr besorgt um ihre nächste Verkörperung."

Die Frau hatte kaum zu Ende gesprochen, da fiel die Fliege, die bis dahin an dem Papierfenster gesessen hatte, auf den Boden. Kyūbei hob sie auf. Sie war tot.

Daraufhin beschlossen Kyūbei und sein Weib, sogleich zum Tempel zu gehen und das Geld des Mädchens dem Priester zu übergeben. Die tote Fliege legten sie in eine kleine Schachtel und brachten sie mit.

Jiku Shōnin, der Oberpriester des Tempels, erklärte, als er die Geschichte der Fliege vernommen hatte, dass Kyūbei und seine Frau in der Angelegenheit vollkommen richtig gehandelt hätten. Er las sogleich für den Geist Tamas eine Ségakimesse, und über die tote Fliege wurden die acht Rollen des Myōten-Sutra rezitiert. Die Schachtel mit dem kleinen Leichnam wurde im Tempelbezirk beigesetzt und an der Stelle, wo sie ruhte, eine Sotoba errichtet, mit einer passenden Inschrift darauf.

Der Fasan

Im Tōyamadistrikt in der Provinz Bishū lebte vorlanger Zeit ein junger Farmer mit seiner Frau. Ihr Besitztum lag einsam zwischen den Hügeln.

Eines Nachts träumte dem Weibe, ihr Schwiegervater, der vor ein paar Jahren gestorben war, sei zu ihr gekommen und hätte zu ihr gesagt:

„Morgen werde ich in großer Gefahr schweben, versuche mich zu retten, wenn du kannst."

Beim Erwachen erzählte die Frau ihrem Manne den Traum, und sie berieten, was er wohl zu bedeuten habe. Beide kamen überein, der Tote wolle irgendetwas von ihnen, aber weder Mann noch Frau konnten sich die Worte der Vision erklären.

Nach dem Frühstück ging der Mann auf die Felder, während seine Frau am Webstuhl blieb. Plötzlich hörte sie draußen einen großen Lärm. Sie trat in die Tür und sah, dass der Jitō[11] des Distrikts mit einer Jagdgesellschaft auf die Farm zukam. Während sie noch wartete, was weiter geschehen würde, rannte ein Fasan an ihr vorbei ins Haus, und sofort erinnerte sie sich an ihren Traum.

„Vielleicht ist es mein Schwiegervater", dachte sie bei sich, „ich muss versuchen, ihn zu retten."

Dann eilte sie dem Fasan nach, es war ein schönes männliches Exemplar, ergriff ihn, ohne dass er sich gesträubt hätte, und setzte ihn in einen leeren Reistopf, den sie mit einem Deckel verschloss.

Einen Augenblick später kam das Gefolge des Jitō herein, und man fragte sie, ob sie nicht einen Fasan gesehen hätte. Sie antwortete kühn mit Nein, aber einer der Jäger beharrte steif und fest darauf, er hätte deutlich gesehen, dass der Vogel ins Haus gelaufen sei. Die Jagdgesellschaft verlegte sich aufs Suchen, guckte in jede Nische und durchstö-

[11] Der Feudalherr des Distrikts, der gleichzeitig die Funktion des Landeshauptmannes und des Amtsrichters einnahm.

berte jeden Winkel. In den Reistopf zu schauen, darauf verfiel natürlich keiner. Nachdem sie alles ohne Erfolg durchsucht hatten, kamen sie zu dem Schlusse, der Vogel müsse wahrscheinlich durch irgendeine Lücke entkommen sein und gingen ihres Weges.

Als der Farmer nach Hause kam, erzählte sie ihm die ganze Geschichte und brachte den Reistopf herbei, in dem sie den Fasan hatte sitzen lassen, damit sich ihr Mann mit eigenen Augen überzeugen könne.

„Als ich ihn griff", sagte sie, „sträubte er sich nicht im mindesten und blieb bis jetzt ganz ruhig im Reistopf hocken. Ich glaube bestimmt, es ist der Schwiegervater."

Der Farmer nahm den Deckel vom Topf und holte den Vogel heraus. Er blieb still auf der Hand sitzen, wie zahm, und blickte den Farmer an, als sei er an dessen Gegenwart längst gewöhnt. Auf einem Auge war er blind.

„Vater war auch auf einem Auge blind", sagte der Farmer, „und zwar auf dem rechten. Sieh da, das rechte Auge des Vogels ist blind. Wirklich, ich glaube auch, es ist der Vater. Und wie er herumschaut! Armer Vater, wahrscheinlich hast du dir gedacht: Wenn ich nun schon einmal ein Vogel bin, besser, ich gebe meinen Kindern mein Fleisch als den Jägern, und das erklärt deinen Traum von gestern Nacht", setzte er, zu seinem Weibe gewendet, hinzu, lächelte hämisch und drehte dem Fasan den Hals um.

Beim Augenblick dieser rohen Tat kreischte das Weib laut auf und schrie:

„O du verworfener Mensch! O du Teufel! Nur ein Mensch mit dem Herzen eines Teufels kann so etwas tun! Lieber sterben, als noch länger das Weib eines solchen Mannes sein!"

Und sie sprang aus der Tür, sich nicht einmal die Zeit nehmend, vorher ihre Sandalen anzuziehen. Wohl erwischte sie ihr Mann noch beim Rock, aber sie riss sich los und rannte, keuchend vor Hast davon. Und sie hörte nicht auf zu laufen, bis sie die Stadt erreicht hatte Dann eilte sie schnurstracks zur Residenz des Jitō. Dort angekommen, erzählte sie untervielen Tränen dem Jito alles, den Traum in der Nacht vor der Jagd, und wie sie den Fasan, um ihn zu retten, versteckt habe und wie ihr Mann sie zuerst verhöhnt und sodann den Vogel ermordet habe.

Der Jitō redete ihr freundlich zu, gab Auftrag, dass man sich um sie kümmern und sie reichlich laben solle Einigen Beamten aber befahl er, den Farmer zu ergreifen und sofort zur Stelle zu schaffen.

Am nächsten Tage wurde der Farmer vor Gericht gestellt und, nachdem man ihn zum Geständnis, dass er tatsächlich den Fasan umgebracht habe, bewogen hatte, allsogleich abgeurteilt. Der Jitō verkündete den Richterspruch:

„Nur ein Mensch mit einem bösen Herzen konnte so handeln wie du, und die Gegenwart eines solchen verworfenen Menschen ist ein Unglück für die Gemeinde, in der er wohnt. Die Leute unseres Gerichtssprengels sind Menschen, die die Empfindungen der Kindestreue hochhalten. Unter ihnen können wir dich nicht länger hausen lassen."

Damit war der Farmer aus dem Distrikt ausgewiesen. Für den Fall der Rückkehr war Todesstrafe vorgesehen. Dem Weibe jedoch schenkte der Jitō ein Stück Land Später sogar sorgte er dafür, dass sie einen braven Mann bekam.

Der Fall Chūgōrō

Vor langer Zeit lebte im Koishi-Kawa-Quartier von Yedo ein Hatamoto namens Suzuki, dessen Yashiki an der Sandbank des Yedogawa lag, nicht weit von der Brücke, die Nakano-hashi heißt. Unter den Soldaten dieses Suzuki befand sich auch ein Ashigaru[12], ein Gefreiter, ein gewisser Chūgōrō. Chūgōrō war ein hübscher Bursche, sehr liebenswürdig und anstellig und ungemein beliebt bei seinen Kameraden.

Viele Jahre hindurch blieb Chūgōrō in den Diensten des Suzuki und führte sich so gut auf, dass kein Tadel an ihm haftete. Endlich entdeckten die anderen Ashigaru, dass Chūgōrō die Gewohnheit angenommen hatte, die Yashiki allnächtlich zu verlassen, und zwar auf dem Wege durch den Garten, um erst knapp vor Tagesgrauen zurückzukehren. Anfangs schwiegen sie dazu, da sich ein solch seltsames Unterfangen nicht mit den vorgeschriebenen Pflichten vertrug, und nahmen an, irgendein Liebesabenteuer stecke dahinter. Nach einiger Zeit jedoch fing Chūgōrō an, blass und kränklich auszusehen, und da seine Kameraden eine ernstliche Torheit befürchteten, beschlossen sie, ihn auszufragen und ihm Vorstellungen zu machen. Dementsprechend nahm ein älterer Ashigaru Chūgōrō, als er sich eben wieder heimlich fortschleichen wollte, beiseite und sagte:

„Chūgōrō, mein Junge, wir wissen gar wohl, dass du jede Nacht ausgehst und bis zum frühen Morgen fortbleibst! Wir haben auch bemerkt, dass du elend aussiehst! Wir fürchten, du bist in schlechte Gesellschaft geraten und untergräbst deine Gesundheit! Wenn du uns nicht triftige Gründe für dein Benehmen angibst, müssen wir es als Pflicht ansehen, den Vorfall dem Offizier zu melden. Ob nun so oder so, da wir Kameraden und Freunde sind, ist es auf alle Fälle nur recht und billig, dass wir erfahren, warum du nachts das Haus verlässt, trotzdem das im Widerspruch mit den dienstlichen Vorschriften steht."

---

[12] Ashigaru war der niedrigste Rang im Militärdienst.

Chūgōrō geriet bei diesen Worten gänzlich außer Fassung. Nach kurzem Schweigen ging er seinem Kameraden voran in den Garten, und als sie außer Hörweite waren, blieb Chūgōrō stehen und sagte:

„Jetzt will ich dir alles erzählen. Aber ich muss dich bitten, strengstes Stillschweigen gegenüber jedermann zu bewahren. Wenn du weitererzählst, was ich dir jetzt anvertrauen werde, stürzest du mich in unsagbares Unglück! Es war im Vorfrühling dieses Jahres, etwa vor fünf Monaten, da ging ich das erste Mal des Nachts aus und zwar wegen eines Liebesabenteuers. Eines Abends nämlich, als ich nach einem Besuch bei meinen Eltern zur Yashiki zurückkehrte, sah ich ein Frauenzimmer am Flussufer nicht weit vom Haupttor stehen. Sie war wie eine Person von Rang gekleidet, und ich wunderte mich nicht wenig, dass eine so feingekleidete Frau allein dort stehen konnte, und noch dazu zu so später Stunde. Ich sagte mir aber, dass ich deswegen noch kein Recht hätte, sie anzusprechen, und ich wollte gerade stumm an ihr vorübergehen, als sie einen Schritt vorwärts machte und mich am Ärmel fasste. Dabei sah ich, dass sie sehr jung und schön war. ‚Möchtest du nicht mit mir nur bis zur Brücke dort gehen?', fragte sie mich, ‚ich habe dir etwas zu sagen!' Ihre Stimme war ungemein weich und einschmeichelnd, und dabei lächelte sie, während sie sprach, und ihrem Lächeln war schwer zu widerstehen. So ging ich denn mit ihr zur Brücke, und auf dem Wege erzählte sie mir, sie hätte mich oft gesehen, wie ich in der Yashiki aus und eingegangen sei, und sie habe eine Vorliebe für mich gefasst. ‚Ich wünsche dich zum Gatten zu haben', sagte sie. ‚Wenn du mich lieb haben kannst, so werden wir einander sehr glücklich machen können.' Ich wusste zuerst nicht, was ich ihr darauf antworten sollte. Gedacht habe ich mir: Sie ist entzückend! Als wir uns der Brücke näherten, fasste sie mich wieder am Ärmel und führte mich den Damm hinunter zum Flussufer. ‚Komm mit mir hinein', flüsterte sie und zog mich zum Wasser hin. Du weißt, Kamerad, es ist dort sehr tief, und ich bekam auf einmal Angst vor ihr und versuchte umzukehren. Sie aber lächelte nur, fasste mich am Handgelenk und sagte: ‚Oh, fürchte dich doch nicht vor mir.' Und wie sie mich so hielt, wurde ich hilflos wie ein Kind. Ich kam mir vor wie ein Mensch, der im Traum davonlaufen will, aber plötzlich weder Hand noch Füße regen kann. Sie stieg in das tiefe Wasser und zog mich mit, und ich sah und hörte und fühlte nichts mehr, bis ich bemerkte, dass ich neben ihr durch Räume schritt, die ein großer Palast, voll von Licht, zu sein schienen. Ich fühlte weder Nässe noch Kälte, alles rings um mich war trocken, warm und herrlich schön. Ich konnte weder begreifen, wo ich mich befand, noch, wie ich überhaupt hierhergekommen war. Die Frau führte mich noch immer an der Hand, und wir gingen von einem Saal in den anderen, durch viele, viele Zimmer. Alle waren leer, aber wunderschön, bis wir schließlich in einen Gastraum mit tausend Matten kamen. Vor einem großen Alkoven, am äußersten Ende, brannten Lichter, und Kissen lagen umher wie für ein Fest, aber ich sah keine Gäste. Sie führte mich sodann auf den Ehrenplatz im Alkoven, setzte sich mir gegenüber und sagte: ‚Dies ist mein Heim. Glaubst du, du könntest glücklich mit mir werden?' Und als sie mich so fragte, lächelte sie dabei, und ich dachte mir, dass ihr Lächeln schöner sei als irgendetwas in der Welt, und aus tiefstem Herzen heraus antwortete ich: ‚Ja!' Und im selben Augenblick erinnerte ich mich an die Geschichte von Urashima, und der Gedanke kam mir, sie müsse die Tochter eines Gottes sein. Aber ich scheute mich, sie zu fragen. Gleich darauf kamen Dienerinnen herein, brachten Reiswein und viele Gerichte und stellten sie vor uns auf. Dann sagte die Frau zu mir: ‚Heute Nacht soll unsere Brautnacht sein, weil du mich lieb hast, und dies ist unser Hochzeitsfest.' Und wir gelobten einander Treue für die Zeit von sieben Existenzen, und nach dem Bankett geleitete man uns in ein Brautgemach, das für uns bereitet war. Es war noch sehr früh am Morgen, da weckte sie mich und sagte: ‚Geliebter, du bist jetzt wirklich und wahrhaftig mein Gatte, aber aus Gründen, die ich dir nicht sagen kann und nach denen du mich auch nicht fragen darfst, ist es notwendig, dass unsere Ehe ein Geheimnis bleibt. Dich hier zu behalten, bis der Tag angebrochen ist, würde uns beide das Leben kosten! Deshalb bitte ich dich, sei nicht böse, dass ich dich jetzt zurückschicken muss in das Haus deines Herrn. Du kannst heute Nacht wieder zu mir kommen und von da an jede Nacht und immer um dieselbe Stunde, wo wir uns das erstem Mal begegnet sind. Warte immer an der Brücke auf mich, und du wirst nie lange zu warten brauchen! Halte aber fest im Gedächtnis, dass vor allen Dingen unsere Ehe geheim gehalten werden muss, denn sprichst du darüber, so werden wir wahrscheinlich für immer getrennt.' Und ich versprach ihr, gehorsam zu sein in allen Dingen. Ich musste an das Schicksal Urashimas denken, und sie geleitete mich durch die vielen Zimmer, alle leer und schön, zum Eingang zurück. Dort nahm sie mich wieder beim Handgelenk, und plötzlich wurde alles dunkel vor meinen Augen, und ich wusste nichts mehr von mir, bis ich mich allein am Flussufer stehend fand, dicht neben der Brücke Naka-no-hashi. Als ich in die Yashiki zurückging, hatten die Tempelglocken noch nicht zu läuten angefangen. Abends ging ich wieder zur Brücke, um die bestimmte Stunde, und sie wartete dort bereits auf mich. Wieder wie das erste Mal zog sie mich in das tiefe Wasser und führte mich an den wundersamen Ort, wo wir unsere Brautnacht gefeiert hatten. Und jede Nacht seitdem habe ich sie getroffen und bin denselben Weg mit ihr gegangen. Auch heute Nacht wartet sie sicherlich auf mich, und lieber möchte ich sterben, als ihr eine Enttäuschung zubereiten, darum muss ich jetzt gehen. Aber nochmals lass dich bitten, Kamerad, sag niemand auch nur ein Wort von dem, was ich dir anvertraut habe!"

Der alte Ashigaru war ebenso erstaunt wie beunruhigt durch diese Erzählung. Instinktiv fühlte er, dass Chūgōrō ihm die Wahrheit gesagt hatte. Aber diese Wahrheit eröffnete böse Ausblicke. Möglicherweise war das Erlebnis Chūgōrō nichts als Sinnestäuschung, vielleicht aber eine von finsteren Mächten zu verderblichen Zwecken herbeigeführte Sinnestäuschung! War der junge Mensch nun tatsächlich behext oder nicht, jedenfalls war er zu bemitleiden und nicht zu tadeln. Gewalt anzuwenden war keinesfalls am Platze, deshalb erwiderte der Ashigaru freundlich:

„Ich werde niemals über das sprechen, was du mir anvertraut hast, niemals, vorausgesetzt, dass du gesund und am Leben bleibst. Geh und suche das Weib auf, aber hüte dich vor ihr! Ich fürchte, ein böser Geist hat dich in seine Netze gelockt."

Chūgōrō lächelte nur über diese Warnung seines alten Kameraden und eilte davon. Einige Stunden später kehrte er mit seltsam verstörter Miene in die Yashiki zurück.

„Nein", erwiderte Chūgōrō, „sie war nicht dort. Das erstem Mal, dass sie nicht gekommen ist! Ich glaube, sie kommt nie mehr wieder! Ich hätte dir die Sache nicht erzählen sollen! Narr, der ich war, mein Versprechen zu brechen."

Der Ashigaru versuchte vergebens, ihn zu trösten. Chūgōrō legte sich nieder und sprach kein Wort mehr. Er zitterte am ganzen Leibe, wie von Kälte durchschauert.

Als die Tempelglocken die erste Morgenstunde verkündeten, versuchte Chūgōrō aufzustehen, fiel aber bewusstlos zurück. Er war sichtlich krank, todkrank. Ein chinesischer Arzt wurde geholt.

„Was ist das! Der Mann hat ja kein Blut mehr!" rief er aus, als er Chūgōrō sorgfältig untersucht hatte, „es ist nichts als Wasser in seinen Adern! Da wird es schwer sein, ihn noch zu retten. Was für eine bösartige Sache mag das sein?"

Man ließ nichts unversucht, Chūgōrō am Leben zu erhalten, aber umsonst. Er starb, als die Sonne unterging. Da erzählte der alte Ashigaru seinen Kameraden die ganze Geschichte.

„Ah, hab' ich mir's doch gedacht!" rief der chinesische Arzt. „Keine Macht der Welt hätte ihn retten können. Er ist nicht der erste, den sie umgebracht hat!"

„Wer ist sie? Oder was ist sie?" fragte der Ashigaru, „ein Fuchsdämon?"

„Nein, sie spukt hier am Flusse seit altersgrauen Zeiten. Sie liebt das Blut der jungen."

„Also ein Schlangenweib? Ein Drachenweib?"

„Nein, nein! Wenn du sie bei Tageslicht unter der Brücke sehen würdest, so möchtest du wohl glauben, ein ekelhaftes Geschöpf gesehen zu haben."

„Aber was für ein Geschöpf?"

„Ganz einfach: ein Frosch - ein großer, scheußlicher Frosch!"

GY
1902

Der Traumfresser

Mijika-yo-ya
Baku no yumé kū
Hima no nashi!

„Ach, wie eine solche Nacht
uns schnell vergeht!
Der Baku wird nicht einmal Zeit haben,
unsere Träume zu essen!"

Altes japanisches Liebeslied

Der Name dieses Geschöpfes ist Baku oder Shirokinakatsukami, und seine besondere Tätigkeit besteht darin, Träume zu essen. Er wird auf die verschiedenste Art geschildert und abgebildet. Ein altes Buch, das ich besitze, behauptet, der männliche Baku hätte den Leib eines Pferdes, das Gesicht eines Löwen, Rüssel und Stoßzähne eines Elefanten, die Stirnhaare eines Nashorns, den Schwanz einer Kuh und die Füße eines Tigers. Die weibliche Baku soll völlig anders aussehen. Inwiefern aber, ist nirgends klar ausgedrückt.

In den alten Zeiten, als man noch Chinesisch lernte, pflegte man in japanischen Häusern Bilder des Baku aufzuhängen, und es hieß, dass solche Bilder denselben wohltätigen Einfluss ausübten wie der Baku selbst. Mein altes Buch enthält über dieses Thema folgende Legende:

„Im Shōsei-Roku wird erklärt, dass Kōtei, als er einst an der Ostküste der Jagd oblag, einem Baku begegnete, der den Körper eines Tieres hatte, aber sprechen konnte wie ein Mensch. Kōtei sagte: ‚Die Welt ist ruhig und in Frieden, warum sollten wir da noch Gespenster sehen? Wenn schon ein Baku nötig ist, böse Geister zu vertreiben, wäre es da nicht besser, ein Bild des Baku an der Wand eines Hauses aufzuhängen? Daraufhin könnten böse Wunder, selbst wenn sie in Erscheinung treten wollten, kein Unheil mehr anrichten.'"

Dann folgt eine lange Liste solcher bösen Wunder und die Zeichen, unter denen sie erscheinen:

„Wenn die Henne ein biegsames Ei legt, so ist der Name des verursachenden Dämons Taifu."

„Wenn Schlangen miteinander verwachsen erscheinen, so ist der Name des Dämons Sintu"

„Wenn Hunde mit zurückgelegten Ohren einhertraben, so ist der Name des Dämons Taiyo."

„Wenn der Fuchs mit der Stimme eines Menschen spricht, so ist der Name des Dämons Gwaishu"

„Wenn Blut auf den Kleidern eines Menschen erscheint, so ist der Name des Dämons Yuki"

„Wenn der Reistopf mit menschlicher Stimme spricht, so ist der Name des Dämons Kanjō"

„Wenn der Traum in der Nacht ein böser Traum ist, so ist der Name des Dämons Ringetsu."

Und weiter sagt das alte Buch: „Wann immer ein solches böses Wunder geschieht, soll man den Namen des Baku anrufen: Sofort wird dann der böse Geist drei Fuß tief in die Erde versinken."

Über das Thema „böse Wunder" mich näher auszulassen, fühle ich mich nicht berufen. Es gehört in die unerforschte Schreckenswelt des chinesischen Dämonenreiches und hat in Wirklichkeit sehr wenig mit dem japanischen Baku zu tun. Der japanische Baku ist lediglich als Traumfresser bekannt. Die hervorstechendste Tatsache hinsichtlich des Kultes dieses Geschöpfes ist, dass sein Name in chinesischen Buchstaben in Gold auf die lackierten hölzernen Kopfstützkissen der Grafen und Prinzen gemalt wird. Die magische Kraft dieses aufgemalten Namens auf den Kissen schützt angeblich den Schläfer vor bösen Träumen. Es ist schwer, heute so ein Kissen noch aufzutreiben, selbst Bilder des Baku (oder Hakutaku, wie sie bisweilen genannt werden) sind überaus selten geworden – aber die alte Anrufung des Baku ist heute noch gang und gäbe in den bekannten Worten:

Baku Kurae! Baku Kurae! – Friss, O Baku, friss meinen bösen Traum! Wenn du aus Alpdruck oder irgendeinem quälenden Traum erwachst, so wiederhole rasch drei Mal diese Anrufung. Dann wird der Baku den Traum fressen und wird Unglück oder Furcht in Glück und Behagen verwandeln.

Es war in einer drückend schwülen Nacht während der großen Hitzezeit, dass ich den Baku das letzte Mal sah. Ich war gerade aus heftigem Qualgefühl erwacht um die Stunde des Ochsen (2 Uhr nachts), da kam der Baku zum Fenster hinein und fragte: „Hast du etwas zu essen für mich?"

Voll Dankbarkeit antwortete ich: „Freilich, freilich! - Höre, guter Baku, was mir geträumt hat:

Ich stand in einem großen weißen Raum, in dem Lampen brannten, aber ich warf keinen Schatten auf den nackten Boden dieses Raumes. Auf einem eisernen Bett lag dort – ich sah es deutlich – mein eigener toter Körper. Wieso ich gestorben war und wann? Ich konnte mich nicht erinnern. Frauen saßen in der Nähe des Bettes, sechs oder sieben, aber ich kannte keine von ihnen. Sie waren nicht jung und nicht alt und alle schwarz gekleidet. Wächterinnen, so nahm ich an. Sie saßen bewegungslos und stumm. Kein Laut war zu hören im Zimmer, aber irgendwie fühlte ich, dass es eine späte Stunde war.

Im selben Augenblick wurde mir bewusst, dass etwas, was keinen Namen hat, in der Atmosphäre des Zimmers war, eine Schwere, die auf meinem Willen lastete, irgendeine unsichtbare betäubende Kraft, die beständig zunahm. Da begannen die Wächterinnen einander heimliche Blicke zuzuwerfen, und ich begriff, sie fürchteten sich. Lautlos stand die eine auf und verließ das Zimmer. Eine zweite folgte, dann die dritte. So huschten sie, eine nach der anderen, leicht wie Schatten hinaus. Ich war allein mit meinem eigenen Leichnam.

Noch brannten die Lampen hell, aber die Luft war dick zum Ersticken. Die Wächterinnen hatten es gefühlt, darum wohl waren sie hinausgeschlichen. Auch ich begriff, es sei höchste Zeit zu entwischen, aber ich dachte, ich könnte ohne Gefahr noch einen Augenblick bleiben. Eine ungeheuerliche Neugier zwang mich zu bleiben. Ich musste auf meinen Leichnam blicken, um ihn genau zu beobachten. Ich wunderte mich. Er schien mir ungewöhnlich lang, ganz unnatürlich lang.

Dann schien es mir, ich sähe eines seiner Augenlider zucken. Aber es konnte auch sein, dass ich mich getäuscht hatte. Vielleicht hatte nur eine der Lampen geflackert! Ich senkte den Blick, ganz langsam, denn ich fürchtete, der Leichnam werde die Augen aufschlagen.

‚Ich bin es doch nicht', dachte ich bei mir, dachte es abermals, als ich mich noch tiefer herabbeugte, ‚aber es kann doch nicht gut ein anderer sein!' Und eine tiefe Angst ergriff mich, eine unsagbare Angst, der Leichnam könne die Augen aufschlagen.

Und er schlug sie auf! Grauenhaft! Und das Ding sprang, sprang vom Bett aus auf mich zu, klammerte sich an mich, winselnd, zähnewetzend, mich zerfleischend! Irrsinnig vor Schrecken kämpfte ich dagegen an. Aber seine Augen, sein Gewinsel, seine Berührung lähmten mich. Mein ganzes Wesen wollte vor Ekel und Abscheu vergehen, da – ich wusste nicht wieso – hatte ich plötzlich eine Axt in der Hand! Und ich schlug mit der Axt auf ihn ein, spaltete ihn, zerschmetterte ihn, den lebenden Leichnam, den Winseler, bis er vor mir lag: eine formlose scheußliche dampfende Masse, die abscheuliche Ruine meines eigenen Selbst."

„Baku Kurae! Baku Kurae! Baku Kurae! – Friss, O Baku, friss den Traum!"

„Nein!" sagte der Baku, „ich esse keine glücklichen Träume. Dein Traum ist ein sehr guter Traum, ein glückverheißender Traum. Die Axt – jawohl, die Axt – ist das erhabene geistige Gesetz, durch das das Ungeheuer des Selbst vernichtet wird. Die beste Art Traum ist das! Du weißt, mein Freund, ich glaube an den Buddha!"

Und der Baku ging zum Fenster hinaus. Ich blickte ihm nach und sah, wie er über die steilen, vom Mond beschienenen Dächer huschte, von Giebel zu Giebel, mit erstaunlich leisen Sohlen, wie eine riesige Katze.

白澤

Furisodé

Neulich, als ich durch eine kleine Gasse ging, die fast nur von Altwarenhändlern bewohnt wird, bemerkte ich an einem der Läden ein Kleid mit langen Ärmeln, eine sogenannte Furisodé, von jener tiefen Purpurfarbe, die in Japan Murasaki heißt. Es war ein Gewand, wie es die Damen von hohem Rang zur Zeit der Tokugawas zu tragen pflegten. Ich blieb stehen, um nach den üblichen eingestickten fünf Ornamenten zu forschen. Da fiel mir eine alte Legende ein, die sich an ein ähnliches Gewand knüpft, ebenfalls eine Furisodé, von der es heißt, sie hätte den Brand von Yedo verursacht:

Vor ungefähr 250 Jahren bemerkte die Tochter eines reichen Kaufmannes in der Hauptstadt der Shōguns, während eines Tempelfestes, in der Menge einen jungen Samurai von ungewöhnlicher Schönheit und verliebte sich in ihn auf den ersten Blick. Zu ihrer großen Betrübnis verschwand er im Gedränge, ehe sie durch ihre Dienerschaft erkunden lassen konnte, wer er war oder woher er stammte. Aber sein Bild blieb bis in die letzten Einzelheiten seiner Kleidung in ihrem Gedächtnis haften. Die Festtagsgewänder, die in damaliger Zeit die Samuraijünglinge trugen, waren fest ebenso prunkvoll wie die der Damen. Aber der Mantel dieses schönen Fremden erschien dem jungen Mädchen über alle Maßen herrlich. Nach und nach setzte sich der Gedanke in ihr fest, dass, wenn sie ein Kleid von gleicher Farbe und bestickt mit denselben Wappeninsignien trüge, sie dadurch vielleicht die Aufmerksamkeit des Samurais auf sich lenken würde, falls er sie bei irgendeiner Gelegenheit erblicke.

Und so fertigte sie sich ein solches Gewand an, mit langen Ärmeln, wie es die Mode vorschrieb und trug es, sooft sie ausging. War sie zu Hause, so hängte sie es auf und versuchte sich einzubilden, die Gestalt ihres unbekannten Geliebten sei darin. Stundenlang konnte sie so sitzen, in Träumen verloren, bald wiederum heiße Tränen vergießend. Zu den Göttern und zu den Buddhas betete sie, sie möchten ihr die Liebe des jungen Samurais gewähren, und oft und oft wiederholte sie die magischen Beschwörungsformeln der Nichirensekte: Namu myō hō renge kyō!

Doch niemals bekam sie je wieder den Jüngling zu Gesicht, verzehrte sich in Sehnsucht nach ihm, siechte hin, starb und wurde begraben. Nach ihrer Beisetzung wurde das Gewand mit den langen Ärmeln, das sie so überaus geliebt hatte, dem buddhistischen Tempel, zu dessen Kirchspiel ihre Eltern gehörten, als fromme Gabe überwiesen. Es ist dies eine uralte Sitte in Japan.

Der Priester erzielte einen hohen Preis dafür, denn es bestand aus köstlicher Seide und trug keine Spur der vielen Tränen, die einst darauf gefallen waren. Ein junges Mädchen, etwa vom gleichen Alter wie die Tote, kaufte es und trug es. Aber nur einen Tag lang, dann wurde auch sie krank, fing an, sich höchst seltsam zu benehmen, schrie bisweilen laut auf, sie sähe einen schönen jungen Mann, und starb bald darauf, von Liebessehnsucht nach dem Phantom verzehrt. Und ein zweites Mal wurde das Kleid mit den langen Ärmeln dem Tempel geschenkt.

Wiederum verkaufte es der Priester, und abermals wurde es das Eigentum einer jungen Dame. Aber auch diese erkrankte, redete irr und behauptete, einen schönen Schemen zu sehen, starb und wurde begraben. Als das Gewand zum dritten Mal in den Tempel wanderte, da verwunderte sich der Priester und traute seinen Augen kaum.

Dennoch beschloss er, das unglückbringende Kleid nochmals zu verkaufen. Wiederum war es ein junges Mädchen, das es erstand, einen Tag lang trug, hinwelkte und starb. Zum vierten Male kam das Gewand in den Tempel zurück.

Da fühlte der Priester die Gewissheit, dass böse Einflüsse am Werke sein müssten, befahl seinen Novizen, im Tempelhof ein Feuer zu entzünden und das Kleid zu verbrennen.

Als nun die Seide zu glimmen begann, da erschienen plötzlich blendend helle Buchstaben darauf und formten sich zu dem Satze: Namu myō hō renge kyō, und die einzelnen Worte sprühten in Funkengarben zum Tempeldach empor und setzten es in Brand.

Die Lohe ergriff die Nachbarhäuser, und bald stand die ganze Straße in Flammen. Eine Brise von der See her erhob sich, trug die Glut von

Straße zu Straße, von Bezirk zu Bezirk, bis fast die ganze Stadt zum rauchenden Trümmerhaufen geworden war. Noch heute trägt jene Katastrophe, die sich am 18. Tage des 1. Monats im 1. Jahre des Meireki (1655) abspielte, in Tokio den Namen: Furisodé = Kwaji, das ist: der große Brand des langärmeligen Gewandes.

In einem Geschichtenbuche, betitelt „Kibun-Daijin" heißt das junge Mädchen, das jenes Gewand anfertigen ließ, O-Samé und soll die Tochter eines gewissen Hikoyémon, eines Weinhändlers aus Hyakoshō-machi im Bezirk Azabu, gewesen sein. Wegen ihrer Schönheit nannte man sie auch Azabu-Komachi, oder die Komachi aus Azabu.[13] Dasselbe Buch besagt auch, dass der Tempel in der Überlieferung ein Nichirentempel gewesen sei namens Honmoyōji, im Distrikt von Hongo. Und die Wappenzier auf dem Kleide sei eine Kikyō-Blüte gewesen. Es gibt noch viele andere Versionen, aber ich glaube nicht an das Buch Kibun-Daijin, denn es versichert, der schöne Samurai sei gar kein Mensch gewesen, sondern ein Drache, oder eine Wasserschlange aus dem See in Uyéno, ein »Shinobazuno-Iké«.

---

[13] Der Name Komachi, oder Ono-no-Komachi, wird in Japan nach mehr als tausend Jahren noch immer verehrt. Sie war die schönste Frau ihrer Zeit und als Poetin derart begabt, dass sie mit ihren Versen Berge versetzen und in Zeiten der Dürre Regen erzeugen konnte. Viele Männer verliebten sich vergeblich in sie, und einige davon sollen aus Liebe zu ihr gestorben sein. Doch das Unglück holte Komachi im Alter ein und, nachdem sie fast alles verloren hatte, wurde sie Bettlerin und starb schließlich auf einer Straße bei Kyōto. Da man es für beschämend hielt, sie in den schmutzigen Lumpen zu beerdigen, in denen man sie fand, spendete eine einfache Person ein getragenes Sommergewand (Katabira) um Komachi damit zu bekleiden. Sie wurde nahe Arashiyama beerdigt, der Reisenden als „der Ort der Katabira", Katabira-no-Tsuchi, vorgestellt wird.

Der Wahrsager

Ich kannte einst einen Wahrsager, der wirklich und echt an die Zuverlässigkeit der Wissenschaft glaubte, die er sich zum Berufe erkoren hatte. Diese Überzeugung war das Resultat vieljährigen und sorgfältigen Studiums der altchinesischen Philosophie. Er hatte sie sich erworben, lange bevor er seine Kunst praktisch ausübte. Als junger Mann hatte er in den Diensten eines reichen Daimyōs gestanden, dann kamen die sozialen und politischen Umwälzungen von Meiji, und wie Tausende andere Samurais war er eines Tages brotlos geworden und ohne Erwerb. So kam es, dass er den Beruf eines Wahrsagers ergriff- eines »Uranaiya«, der mühselig zu Fuß von Stadt zu Stadt wandert und kaum öfter als einmal im Jahre seine Heimat wiedersieht. Er hatte als Wahrsager, wenn man es so nennen darf, Glück und Erfolg, wie ich glaube, dank seiner Ehrlichkeit und Offenheit, vielleicht auch wegen eines gewissen höflichen und gewinnenden Auftretens, das unwillkürlich Vertrauen einflößte. Das System des Wahrsagens, dessen er sich bediente, war das der alten chinesischen Schule und fußte auf dem Buche Yi-King. Zum Prophezeien benützte er einen Satz Ebenholzwürfel, aus denen man sämtliche vorgeschriebenen chinesischen Hexagramme zusammensetzen konnte. Bevor er wahrsagte, verrichtete er stets im tiefsten Ernste ein Gebet an die Götter.

Diese Methode, so sagte er, sei unfehlbar, jedoch nur in der Hand eines Meisters. Er gab mir gegenüber offen zu, dass er sich häufig genug geirrt habe, „aber stets", so sagte er, „lag dann der Fehler an mir. Ich hatte eben gewisse Textstellen missverstanden oder die Diagramme falsch gedeutet." Um ihm volle Gerechtigkeit widerfahren zu lassen, stelle ich fest, dass alles, was er mir selbst weissagte, buchstäblich eingetroffen ist, und zwar so erschütternd genau, dass es mich heute noch mit Grauen erfüllt. Es ist eine eigene Sache, das mit der Wahrsagerei. Man mag darüber lächeln, man mag äußerlich sich darüber empören, aber etwas wie ein nicht loszuwerdender, ererbter, jahrtausendalter Aberglaube lauert versteckt in fast allen Menschenseelen, wartet nur auf die Gelegenheit, sich zu offenbaren. Einige verblüffende Ereignisse und heißes Hoffen auf ein günstiges Schicksal oder bange Furcht vordrohendem Unheil nimmt unser Herz gefangen. Das Schicksal vorher zu wissen wäre ein namenloses Unglück. Man stelle sich vor, man wüsste, ohne zweifeln zu können, es stünde einem binnen zweier Monate etwas Unabwendbares, Grässliches bevor!

Als ich den Uranaiya zum ersten Mal sah, in Izumo, war er bereits ein alter Mann, obwohl er bedeutend jünger erschien. Später traf ich ihn in Ōsaka, in Kyōto und in Kobe. Wiederholt hatte ich versucht, ihn zu überreden, die kältesten Monate des Winters in meinem Hause zuzubringen, denn er verfügte über ein ungewöhnliches Wissen in allem, was mit alten Überlieferungen zusammenhing, und darüber Näheres zu erfahren, wäre für mich von größtem Werte gewesen. Aber das Wandern war ihm derart zur zweiten Natur geworden, und die Liebe zur Ungebundenheit und zigeunerhaften Freiheit hatte ihn so ergriffen, dass er es nie über sich bringen konnte, länger als jeweils zwei Tage mein Gast zu sein.

Jahr für Jahr, gewöhnlich im Spätherbst, pflegte er nach Tokio zu kommen, trieb sich ein paar Wochen in der Nähe der Stadt herum, tauchte bald in diesem, bald in jenem Distrikt auf und verschwand dann ebenso plötzlich. Bei solchen Gelegenheiten versäumte er nie, mich zu besuchen und mich mit willkommenen Nachrichten aus Izumo, von Land und Leuten, zu erfreuen. Auch höchst seltsame kleine Geschenke, meist religiöse Kultgegenstände, die aus berühmten Wallfahrtsorten stammten, brachte er mir mit. Dann plauderten wir gewöhnlich ein paar Stunden miteinander. Er erzählte mir von sonderbaren Dingen, die er gesehen oder von denen er gehört hatte, oder wir kamen auf alte Legenden zu sprechen. Oder es war die Rede von der Kunst des Weissagens. Das letzte Mal, als wir uns trafen, erzählte er mir von einer geheimen chinesischen Wissenschaft, die Zukunft bis ins kleinste weissagen zu können.

„Leider hat sich mir niemals Gelegenheit geboten, sie zu erlernen“, sagte er. „Wer sie beherrscht, kann nicht nur auf Stunde und Minute genau erfahren, wann zum Beispiel dieser oder jener Balken oder Pfosten des Hauses einstürzen wird, er kann auch angeben, nach welcher Richtung sie brechen werden und mit allen damit zusammenhängenden Folgeerscheinungen. Am besten kann ich dir erklären, was ich meine, wenn ich dir folgende Geschichte erzähle", begann er.

„Sie betrifft den berühmten chinesischen Wahrsager, den wir in Japan Shōko Setsu nennen und der im Buch Baikwa-Shin-Eki erwähnt wird. Noch als junger Mann erlangte er infolge seines gelehrten Wissens und dank seinen persönlichen sonstigen Vorzügen eine hohe Stellung, aber bald legte er sie freiwillig nieder, da er es vorzog, in die Einsamkeit zu gehen, um sein Leben ganz dem Studium, das ihm vorschwebte, widmen zu können. Viele Jahre brachte er in einer Hütte in der Bergwildnis zu, ohne Feuer im Winter, ohne Fächer im Sommer. Seine Gedanken schrieb er an die Wände der Hütte, denn er besaß kein Papier. Ein Ziegelstein diente ihm als Kopfpolster, wenn er ruhte.

Eines Tages, in der Zeit des heißen Hochsommers, überkam ihn plötzlich Müdigkeit. Er legte sich nieder und schob den Ziegelstein unter sein Haupt, um zu schlummern. Kaum war er eingeschlafen, da huschte eine Ratte über sein Gesicht, und er wachte mit einem Ruck wieder auf. Erbost fasste er den Ziegelstein und schleuderte ihn nach der Ratte. Die Ratte jedoch entkam unverletzt, und der Ziegelstein zerbrach. Sorgenvoll betrachtete Shōko Setsu die Trümmer seines Kopfkissens und bereute tief, sich zu einer so unüberlegten Handlung haben hinreißen zu lassen. Da bemerkte er plötzlich, dass die frischen Bruchstellen eine Reihe von chinesischen Schriftzeichen bloßgelegt hatten. Neugierig hob er die Ziegelstücke auf, prüfte sie sorgfältig und fand, dass die Schriftzeichen, siebzehn an der Zahl, in den Lehm eingeritzt worden sein mussten, bevor der Ziegel gebrannt worden war. Die Schrift lautete: ‚Im Jahre des Hasen, im vierten Monat, am siebzehnten Tag, in der Stunde der Schlange, wird dieser Ziegelstein, nachdem er als Schlafkissen gedient, einer Ratte nachgeworfen werden und zerbrechen.' Und tatsächlich war diese Prophezeiung in Erfüllung gegangen in der Stunde der Schlange, am 17. Tag des 4. Monats im Jahre des Hasen. Aufs höchste erstaunt, prüfte Shōko Setsu nochmals die zerbrochenen Stücke des Backsteines und entdeckte das Siegel und den Namenszug des Ziegelbrenners. Sofort verließ er seine Hütte und eilte in die zunächst liegende Stadt, um den Mann ausfindig zu machen. Er fand ihn noch im Laufe des Tages, zeigte ihm den zerbrochenen Ziegel und fragte ihn, welche Bewandtnis es damit habe.

Der Ziegelbrenner besah sich die Stücke genau und sagte dann:

,Ja, dieser Stein wurde in meinem Hause gebrannt. Die Schrift hat ein alter Mann, ein Wahrsager, vorher in den Lehm eingekratzt. Er bat mich, es tun zu dürfen, ehe das Stück in den Brennofen kam.'

,Weißt du, wo der Alte lebt?' forschte Shōko Setsu.

,Ja, nicht weit von hier, soviel ich weiß. Ich kann dir den Weg zu seinem Hause zeigen. Aber den Namen des Alten weiß ich nicht.'

Vor dem Hause angelangt, stellte sich Shōko Setsu vor und bat um die Erlaubnis, den alten Mann sprechen zu dürfen. Ein junger Studierender, der zugleich die Stelle eines Dieners versah, lud ihn höflich ein, näher zutreten, und führte ihn in ein Zimmer, in dem noch andere junge Leute dem Studium oblagen. Shōko Setsu nahm Platz, und die Studenten entboten ihm ihren Gruß. Dann verbeugte sich der junge Mann, der ihn hereingeführt hatte, vor ihm und sagte:

,Wir bedauern unendlich, Ihnen mitteilen zu müssen, dass unser Meister vor ein paar Tagen gestorben ist. Aber wir haben Sie erwartet, denn er hat uns vorhergesagt, dass Sie in dieses Haus kommen würden, und zwar genau um diese Stunde. Ihr Name ist Shōko Setsu. Unser Meister hat uns beauftragt, Ihnen ein Buch zu übergeben, von dem er glaubte, es würde Ihnen von Nutzen sein. Hier ist das Buch. Belieben Sie, es in Empfang zu nehmen.'

Shoko Setsu war ebenso erstaunt wie erfreut, denn das Buch war eine Handschrift seltenster und wertvollster Art und enthielt alle Geheimnisse der Wahrsagekunst. Nachdem er dem jungen Mann seinen Dank ausgesprochen und auch dessen Kollegen seines tiefsten Beileides über das Hinscheiden ihres Lehrers versichert hatte, ging er in seine Hütte zurück, wo er bald Gelegenheit hatte, den Wert des Buches auf die Probe zu stellen, indem er den Inhalt in Bezug auf sein eigenes Schicksal zu Rate zog. Er las in der Schrift, dass auf der Südseite seiner Hütte an einer genau angegebenen Stelle in der Erde ihn ein großes Glück erwarte. Er grub nach und fand eine Höhle, angefüllt mit so viel Gold, dass er sich mit Recht einen sehr reichen Mann nennen konnte."

Mein alter Freund, der Wahrsager, verließ diese Welt so einsam, wie er gelebt hatte. Im verflossenen Winter überraschte ihn beim Überschreiten eines Gebirgsjoches ein Schneesturm, und er verlor den Weg. Viele Tage später fand man ihn, aufrecht stehend, an den Stamm einer Pinie gelehnt, den kleinen Wandersack noch auf den Schultern. Ein Standbild aus Eis, die Arme gekreuzt und die Augen geschlossen, wie in tiefster Versenkung. Wahrscheinlich hatte ihn, während er auf das Nachlassen des Sturmes wartete, jene unwiderstehliche Schlafsucht übermannt, die dem Tod des Erfrierens vorauszugehen pflegt. Als ich von seinem seltsamen Ende hörte, musste ich an das alte japanische Sprichwort denken: Uranaiya minouyé shiradzu: „Jedes Schicksal kennt der Wahrsager, sein eigenes aber kennt er nicht."

Ein Leidenskarma

Ein Zugstück ersten Ranges des japanischen Theaters in Tōkyō ist die Vorstellung des Dramas „Botan-Dōrō" oder „Die Päonienlaterne" durch den berühmten Kikugorō und seine Schauspielertruppe. Diese an gespenstischen Geschehnissen reiche Dichtung, deren Szenen in die Mitte des vorigen Jahrhunderts verlegt sind, ist die Dramatisierung eines Romanes des Novellisten Encho. Der Stoff des Stückes ist einer chinesischen Legende entnommen, die Redeform ist die der alltäglichen japanischen Umgangssprache, und auch das ganze Kolorit trägt rein japanischen Charakter. Ich beschloß, mir die Vorstellung anzusehen, und die Kunst des Schauspielers Kikugorō verschaffte mir den Genuss völlig neuartiger Eindrücke auf dem Gebiete seelischen Grauens.

„Sie sollten dem englischen Publikum wenigstens den Inhalt dieser gespenstischen Erzählung zugänglich machen", riet mir ein Freund, der mir oft als Führer durch die Labyrinthe orientalisch-philosophischer Gedankengänge gedient hat; „es würde sicherlich so manche, hierzulande populären Anschauungen, die das Gebiet des Übernatürlichen betreffen, dem Abendlande deutlich vor Augen führen. Wenn Sie wollen, helfe ich Ihnen bei der Übersetzung."

Ich nahm den Vorschlag mit Freuden an, und wir setzten uns zusammen, um einen Auszug aus der Handlung des Theaterstückes des Dichters Enchō herzustellen. Wo es nötig schien, brachten wir Kürzungen an, waren aber stets bemüht, den Text so naturgetreu wie möglich beizubehalten, insbesondere an Stellen, die uns psychologisch interessant schienen.

Die Erzählung von den Gespenstern aus dem Roman benannt: „Die Päonienlaterne"

I

Einst lebte im Distrikt Ushigome in Yedo ein hochadeliger Bannerträger namens Lijima Heizayérnon, einer jener angesehenen Samurai, die in Japan den Titel Hatamoto[14] trugen. Seine Tochter Tsuyu war schön wie ihr Name, der so viel bedeutet wie „Morgentau". Lijima nahm sich, als seine Tochter das sechzehnte Jahr erreicht hatte, eine zweite Gattin. Da er aber bald merkte, dass sich O-Tsuyu in der Nähe ihrer Stiefmutter unglücklich fühlte, baute er ihr in Yanagijima ein hübsches Landhaus und gab ihr eine treue, erprobte, junge Dienerin mit, namens O-Yoné, damit sie eine Gefährtin um sich habe.

O-Tsuyu lebte glücklich und zufrieden in ihrem Heim bis zu der Stunde, da ihr der alte Hausarzt, Yamamoto Shijō, in Begleitung eines jungen Samurai namens Hagiwara Shinzaburō, der für gewöhnlich im Nedzuviertel wohnte, einen Besuch abstattete. Shinzaburō war ein ungewöhnlich schöner junger Mann mit tadellosen feinen Umgangsformen, und der Besuch war noch nicht zu Ende, da hatten sich die beiden jungen Menschenkinder bereits aufs glühendste ineinander verliebt. Als der alte Arzt Anstalten traf aufzubrechen, hatten sie sich mit heimlichen Zeichen und Worten fürs ganze Leben Liebe und Treue zugeschworen, und beim Abschied flüsterte O-Tsuyu dem jungen Samurai ins Ohr: „Merk dir wohl: Wenn du nicht wiederkommst und ich dich nicht mehr sehen sollte, muss ich sterben, das weiß ich gewiß!"

Unablässig klangen diese Worte Shinzaburo im Ohre, und der Wunsch, O-Tsuyu wiederzusehen, verfolgte ihn Tag und Nacht. Die strenge Etikette der Japaner verbot ihm jedoch, allein bei O-Tsuyu einen Besuch zu machen. Er musste unter allen Umständen warten, bis sich Gelegenheit bot, den alten Arzt zu begleiten, der ihm versprochen hatte, ihn ein zweites Mal mitzunehmen. Leider hielt nun der alte Herr

[14] Hanamoto waren Samurai, die eine spezielle militärische Einheit für den Shōgun bildeten. Wörtlich übersetzt bedeutet der Begriff „Flaggenbasis". Hanamoto gehörten zur höchsten Klasse der Samurai. Sie waren nicht nur direkte Vasallen des Shōgun, sie repräsentierten auch den militärischen Adel.

sein Versprechen nicht, denn er hatte O-Tsuyus Erregung gar wohl bemerkt und fürchtete, ihr Vater könnte ihn zur Rechenschaft ziehen, falls Verwicklungen irgendwelcher Art durch seine Schuld eintreten sollten, denn Iijima Heizayémon, O-Tsuyus Vater, stand im Rufe, bei derartigen Gelegenheiten kurzen Prozess zu machen. Und je länger er darüber nachdachte, was es für Folgen haben könnte, wenn er Shinzaburō ein zweites Mal mitnähme, desto fester wurde er in dem Entschlusse, seinen jungen Freund im Stiche zu lassen.

Monate vergingen, und O-Tsuyu, die sich die wahre Ursache des Fernbleibens Shinzaburōs nicht erklären konnte, vermutete, er verschmähe ihre Liebe. Sie härmte sich ab in wortlosem Schmerz und starb. Bald darauf starb auch die treue Dienerin O-Yoné aus Gram über den Verlust ihrer Herrin. Beide wurden nebeneinander auf dem Friedhof zu Shin-Banzui-In, in der Nähe des Tempels begraben, der bei Dango-Zaka steht, dort, wo alljährlich die berühmte Chrysanthemenschau stattfindet.

II

Shinzaburō hatte keine Ahnung von dem, was vorgefallen war, aber infolge der Enttäuschung und seiner Besorgnis, was O-Tsuyu wohl von ihm denken müsse, war er lange und schwer krank geworden. Obzwar auf dem Wege der Genesung, fühlte er sich doch noch sehr schwach, als ihm eines Tages der Besuch des alten Arztes gemeldet wurde. Yamamoto Shijō, der Arzt, brachte alle erdenklichen Entschuldigungen vor, weshalb er sich solange nicht habe sehen lassen, aber Shinzaburō hörte nur mit halbem Ohre hin und erwiderte:

„Seit Beginn des Frühjahres bin ich krank gewesen, und selbst jetzt bin ich kaum imstande, ein paar Bissen zu essen. War es nicht unfreundlich von Ihnen, mich so ganz und gar im Stich zu lassen? Ich habe gedacht, wir wollten doch einen Besuch bei Fräulein Iijima machen? Ich hatte vor, ihr ein kleines Geschenk als Erkenntlichkeit für die damals so liebenswürdige Aufnahme in ihrem Hause zu überreichen. Aber allein konnte ich doch unmöglich hingehen!"

Ernst entgegnete Shijō: „Ich bin überaus betrübt, Ihnen mitteilen zu müssen, dass die junge Dame gestorben ist."

„Tot!“ wiederholte Shinzaburō und wurde blass bis in die Lippen. „Tot? Sagten Sie nicht soeben, dass sie tot ist?“

Der Arzt blieb eine kleine Weile stumm, als müsse er sich erst sammeln, dann nahm er mit dem schnellen, leichten Ton eines Mannes, der fest entschlossen ist, innere Bewegung nicht zu zeigen, das Gespräch wieder auf:

„Ich habe einen großen Fehler begangen, dass ich Sie damals dort einführte, denn es scheint, als habe sich die junge Dame auf den ersten Blick in Sie verliebt. Ich fürchte sogar, Sie haben ihr irgendetwas gesagt, was ihre Zuneigung ermutigen musste. Ich meine, vielleicht, als Sie mit ihr in dem kleinen Zimmer beisammen waren. Jedenfalls habe ich gesehen, dass sie sich an Ihre Schulter gelehnt hat. Und das hat mir zu denken gegeben, denn ich musste mir sagen: Was, wenn ihr Vater davon erfährt? Sicherlich hätte er die ganze Schuld mir aufgebürdet! Kurz und gut, um ganz offen zu sein, ich entschloss mich, Sie zu einem zweiten Besuch nicht mitzunehmen. Das ist der eigentliche Grund, weshalb ich mich so lange nicht habe blicken lassen. Vor einigen Tagen nun kam ich zufällig in Iijimas Haus und erfuhr dort zu meiner größten Überraschung, dass O-Tsuyu und auch ihre Dienerin O-Yoné kurz nacheinander gestorben sind. Ich ließ mir die Sache durch den Kopf gehen und bin zu dem Ergebnis gekommen, dass die junge Dame aus Liebesgram um Sie gestorben ist.“ Lachend, wie es die japanische Sitte in Fällen wie diesem vorschreibt, setzte er hinzu: „Sie sind mir ja ein netter Herzensbrecher!“ Und anscheinend noch mehr erheitert: „Es ist ja geradezu eine Sünde, mit einem so hübschen Gesicht auf die Welt gekommen zu sein, dass die Mädchen aus übermäßiger Verliebtheit in einen dessentwegen sterben.“[15] Und plötzlich ernst werdend, fuhr er fort: „Aber lassen Sie die Toten den Toten! Es hat keinen Zweck, über die Angelegenheit noch weiter Worte zu verlieren. Das einzige, was Sie

[15] Diese Konversation mag dem westlichen Leser seltsam erscheinen, aber sie ist lebensecht wiedergegeben. Sie ganze Szene ist charakteristisch für das Japanische.

für die Tote tun können, ist: den Nembutsu[16], den buddhistischen Rosenkranz, für sie zu beten. Und nun: auf Wiedersehen."

Hastig entfernte sich der Alte, um weiteren Gesprächen über das schmerzliche Begebnis, an dem er sich in gewissem Sinne Schuld fühlen mochte, zu entgehen.

III

Shinzaburō war wie erstarrt vor Gram über die Nachricht von O-Tsuyus Tod. Als er langsam zu sich kam und wieder klarer denken konnte, schrieb er den Namen der toten Geliebten auf ein Sterbetäfelchen, heftete es an den buddhistischen Schrein seines Hauses, stellte Opfergaben davor und murmelte die vorgeschriebenen Gebete. Und jeden kommenden Tag brachte er neue Opferspenden dar, wiederholte den Nembutsu, und die Erinnerung an O-Tsuyu blieb immer lebendig in seinem Herzen.

Eintönig verging ihm in seiner Abgeschiedenheit von der Außenwelt die Zeit, bis das Bonfest, der große Gedenktag aller Toten, herannahte. Das ist der dreizehnte Tag des siebenten Monats. Dann schmückte er sein Haus und richtete alles zu der Feier her. Er hängte die Laternen heraus, die den wiederkehrenden Toten zur Führung dienen sollen und stellte Nahrungsmittel darunter auf die Sbōryōdana, die Geistersimse der Seelen.

Und am Vorabend des Bonfestes nach Sonnenuntergang zündete er eine kleine Lampe vor dem Sterbetäfelchen O-Tsuyus an und stellte die Lichter in die Laternen.

Die Nacht war klar und hell vom Vollmond, windstill und drückend schwül. Nur in ein leichtes Sommerkleid gehüllt, suchte Shinzaburō die Kühle seiner Veranda auf und saß dort lange, vor sich hin träumend, das Herz voll Gram. Zuweilen fächelte er sich ein wenig oder warf ein bisschen Räucherwerk auf die Kohlenpfanne, um die Moskitos zu verscheuchen. Ringsum herrschte tiefste Ruhe. Das Haus hatte sehr ein-

[16] Das Bittgebet für die Toten „Namu Amida Butsu!“, „Gegrüßt seist du, Buddha Amithaba!“ wird wiederholt ausgesprochen.

same Nachbarschaft, und nur das Schwirren der Nachtinsekten drang an Shinzaburōs Ohr.

Plötzlich wurde die Totenstille durch den Klang wandernder Geta[17] durchbrochen, der immer näher zu kommen schien: Kara-kon, Kara-kon – ein melodisches Geräusch. Immer deutlicher und deutlicher tönte es herüber, bis es an die lebende Hecke, die den Garten umgab, gelangte. Neugierig stand Shinzaburō auf und stellte sich auf die Zehenspitzen, um über die Büsche blicken zu können. Er konnte sich unmöglich irren: Dort gingen zwei Frauengestalten. Die eine, die eine schöne mit Päonienblüten[18] geschmückte Laterne trug, war anscheinend eine Dienerin. Die andere ein schlankes junges Mädchen in langem, mit Herbstblumen besticktem Schleppkleid. Fast im selben Augenblick wandten die beiden Frauen ihre Gesichter Shinzaburō zu, der zu seinem größten Erstaunen in ihnen O-Tsuyu und O-Yoné erkannte.

Sofort blieben beide stehen, und die junge Dame rief:

„Oh, wie seltsam! - Der Hagiwara Sama!"

Gleichzeitig rief Shinzaburō der Dienerin zu: „O-Yoné!? Du bist doch O-Yoné! Ich kann mich unmöglich irren?"

„Der Hagiwara Sama!" rief jetzt auch O-Yoné im Tone höchsten Befremdens aus. „Ist's denn Wirklichkeit? Herr! Und man hat uns doch gesagt, Ihr seid tot!"

„Sonderbar! Und mir hat man erzählt, Sie beide seien gestorben!"

---

[17] Im Original: „Komageta". Geta sind hölzerne Sandalen oder Pantinen, die in vielen, oft auch eleganten, Varianten erhältlich sind. Die Komageta oder „Pony-Geta" heißt so wegen ihres sonoren, hufartigen Klangs, der beim Gang über harten Boden erzeugt wird.

[18] Die Art von Laterne die hier beschrieben wird, wird nicht mehr hergestellt. Solche Lampen wurden mit dem Wappen des Besitzers bemalt. Sie hatten keine Ähnlichkeit mit den modernen häuslichen Handlampen. Möglicherweise werden ähnliche Lampenarten aber noch für das Totenfest Bon-dōrō hergestellt. Die Blumen, die diese Lampen zierten waren nicht aufgemalt. Es waren künstliche Blumen aus Krepppapier, die oben auf der Lampe befestigt wurden.

„Ach, das ist ja abscheulich", erwiderte O-Yoné", Ihr solltet solch hässliche Worte gar nicht wiederholen, Herr! Wer hat Euch denn so hinters Licht geführt?"

„Ich bitte, näher zu treten", sagte Shinzaburō, „hier können wir besser sprechen. Das Gartentor ist offen."

Die beiden Frauen traten ein, man tauschte die üblichen Begrüßungsformeln aus, und Shinzaburō, nachdem er seinen Besucherinnen Sitze angeboten hatte, begann:

„Ich bitte vielmals um Entschuldigung wegen meiner Unhöflichkeit, dass ich so lange keine Visite abgestattet habe, aber, wie ich bereits vorhin erwähnte, hat mir Shijō, der Arzt, vor einem Monat erzählt, Sie seien beide gestorben!"

„Also er war's, der dieses Gerücht verbreitet hat?" rief O-Yoné. „Es ist niederträchtig von ihm, so etwas zu sagen. Denken Sie nur: und uns hat er erzählt, Sie wären tot! Er muss wohl irgendeinen heimlichen Grund gehabt haben, Euch so zu täuschen, Herr! Und leicht ist es ihm wohl auch gefallen, wo Ihr doch so vertrauensvoll und unbefangen seid. Wahrscheinlich hat meine Herrin ihre Neigung zu Euch mit irgendeinem unbedachten Wort verraten, das den Weg zum Ohre ihres Vaters fand. Und ohne Zweifel hat dann O-Kuni, ihre Stiefmutter, den alten Arzt dazu bewogen, Euch einzureden, wir seien gestorben, um ein Hindernis zwischen meine Herrin und Euch zu schieben. Tatsächlich, als man uns erzählte, Ihr seiet tot, war meine Herrin fest entschlossen, sich das Haar abzuschneiden und ins Kloster zu gehen. Nur mit Mühe ist es mir gelungen, sie soweit umzustimmen, dass sie bloß im Herzen eine Nonne wurde. Dann später wollte ihr Vater, sie solle einen gewissen jungen Mann heiraten, aber sie weigerte sich aufs entschiedenste. Es kam infolgedessen zu einem großen Zerwürfnis in der Familie, an dem wiederum O-Kuni die Schuld trug. Wir verließen die Villa und wohnen jetzt in einem kleinen Haus in Yanaka-no-Sasaki. Dort leben wir recht kümmerlich und ernähren uns von kleinen Handarbeiten. Meine Herrin hat ohne Unterlass den Nembutsu für Euch gebetet. Heute am ersten Tage der Bonfeier sind wir ausgegangen, um die Tempel zu besuchen, und gerade auf dem Wege nach Hause. Im letzten Augenblick, wie seltsam, treffen wir mit Euch zusammen!"

„Oh, wie überaus merkwürdig ist das alles!" rief Shinzaburō. „Ist es denn wirklich wahr? Oder ist es nur ein Traum? Auch ich habe unaufhörlich den Nembutsu gebetet vor dem Sterbetäfelchen, auf das ich den Namen O-Tsuyus geschrieben hatte. Da, hier hängt es." Und er deutete auf das Totensims an der Wand.

„Wirklich, wir sind Euch mehr als dankbar, dass Ihr unser so treu gedacht habt!" erwiderte O-Yone, hielt einen Augenblick inne, lächelte, wandte sich zu O-Tsuyu, die die ganze Zeit über stumm und ernst dagesessen hatte, das Gesicht halb mit einem Zipfel ihres Armes verdeckt, und verbesserte sich: „Will sagen, meiner Herrin so treu gedacht habt. Und was sie betrifft, wie oft hat sie nicht gesagt, sie ließe sich Euretwegen von ihrem Vater gerne töten oder durch sieben Verkörperungen auf Erden[19] von ihm verstoßen."

Shinzaburō wurde blass vor innerer Freude. Mit vor Bewegung stockender Stimme konnte er nur mühsam die Worte hervorbringen: „Bleiben Sie doch noch, aber, bitte, leise zu sprechen! Ich habe hier einen lästigen Nachbarn, einen Ninsomi[20], einen Glaslinsenschleifer, namens Hakuōdō Yusai, der den Leuten aus den Gesichtszügen wahrsagt. Er ist neugierig, und es wäre gut, wenn er keinen Verdacht schöpfte."

Die ganze Nacht blieben die beiden Frauen im Hause des jungen Samurai und kehrten erst kurz vor Sonnenaufgang heim. Und Nacht für Nacht, sieben Nächte hindurch, kamen sie wieder, immer zur selben Stunde. Und immer mehr und mehr verlor Shinzaburō sein Herz an das junge Mädchen. Und sie hingen immer inniger aneinander, gefes-

---

[19] „Sieben Verkörperungen auf Erden" beschreibt sieben aufeinander folgende Leben. In japanischen Dramen und Märchen ist es nicht unüblich, einen Vater zu beschreiben, der sein Kind „für sieben Leben" verstößt. Solch ein Vorgang des Verstoßens wird als „Shichi-shō Madé no Mandō", als „Enterbung für sieben Leben" bezeichnet. Damit soll ausgedrückt werden, dass der Unmut des Vaters den unartigen Sohn bzw. die unartige Tochter nach dem jetzigen Leben noch weitere sechs Leben lang treffen wird.

[20] Dieser Beruf ist noch nicht ausgestorben. Der Ninsomi verwendet ein Vergrößerungsglas (oder manchmal einen Vergrößerungsspiegel), genannt Tengankyō oder Ninsomégané.

selt durch jenes Band irdischer Täuschung, das schwerer zerreißbar ist als eine eiserne Kette.

IV

Dicht neben Shinzaburōs Haus wohnte ein Mann namens Tomozō mit seiner Frau O-Miné in einer kleinen Hütte. Sie standen beide im Dienste des jungen Samurai, lebten dank seiner Freigebigkeit in recht guten Verhältnissen und waren ihm überaus ergeben.

Eines Nachts zu sehr später Stunde hörte nun Tomozō eine Frauenstimme in seines Herrn Zimmer, was ihm einiges Unbehagen verursachte, denn er fürchtete, dass sein Herr, der, wie er wusste, einen gewissen Hang zur Verliebtheit hatte, irgendeiner leichtfertigen Person ins Netz gegangen sein konnte, was für Domestiken erfahrungsgemäß stets mehr oder weniger Scherereien nach sich zieht. Er beschloss deshalb, auf seiner Hut zu sein, und stahl sich in der folgenden Nacht auf den Zehenspitzen zu Shinzaburōs Wohnung, von wo aus er durch eine Ritze des Schiebefensters ins Zimmer spähen konnte. Beim Scheine einer drinnen brennenden Nachtlaterne konnte er deutlich sehen, dass eine fremde Dame im Schlafgemach seines Herrn unter dem Moskitonetz saß. Die Gesichtszüge konnte er nicht unterscheiden, da sie den Kopf vom Fenster weggewendet hatte, aber, nach der Frisur und der Kleidung zu schließen, musste sie noch sehr jung sein.[21] Er legte das Ohr an die Ritze und vernahm folgendes Gespräch:

„Wenn mich mein Vater verstieße, ließest du mich dann zu dir kommen und bei dir wohnen?"

Shinzaburō antwortete: „Das ist nicht nur selbstverständlich, sondern ich würde überaus glücklich sein, dass du bei mir bliebest. Aber es hegt gar kein Grund zu der Befürchtung vor, dein Vater könne dich verstoßen, denn du bist doch seine einzige Tochter, und er liebt dich innig. Was ich fürchte, ist nur, dass man uns eines Tages grausam auseinanderreißen wird."

---

[21] Farbe und Form der Kleidung, wie auch die Art der Haartracht, richten sich nach japanischer Sitte nach dem Alter der Frau.

„Nein, nein, nur das nicht", sagte die junge Dame. „Ich könnte nicht einmal den Gedanken fassen, jemals einem anderen anzugehören. Selbst wenn unser Geheimnis bekannt würde und mein Vater würde mich für das, was ich getan habe, töten, selbst dann, nach dem Tode, könnte ich nicht aufhören, an dich zu denken. Und ich weiß auch, dass du mich nicht lange würdest überleben können." Dann schmiegte sie sich dicht an ihn, presste ihre Lippen an seinen Nacken und streichelte ihn. Und er erwiderte ihre Zärtlichkeiten.

Tomozō war höchlichst verwundert. War doch die Redeweise des jungen Mädchens nicht die einer Frau aus dem Volke, sondern verriet in jedem Worte eine Dame aus der feinsten Gesellschaft.[22] Er versuchte daher auf alle nur möglichen Arten ihre Gesichtszüge zu erkennen. Er kroch um das Haus herum, an Vorder- und Rückseite, und tastete die Wände nach einer neuen Ritze oder Fuge ab. Endlich gelang es ihm, einen Blick auf das Antlitz der Dame zu werfen. Was er sah, war so grässlich, dass sich ihm die Haare sträubten und er, von eisigem Entsetzen durchschauert, zurücktaumelte:

Das Gesicht des jungen Mädchens war das einer längst im Grabe vermoderten Frauenleiche, die Finger ihrer Hand, die so zärtlich den Nacken Shinzaburōs streichelte, waren gänzlich von Fleisch entblößt und die eines Gerippes, der Körper vom Brustlatz abwärts schien nicht vorhanden zu sein, und was noch einer Form glich, ging in eine schattenhafte Schleppe über. Wo der verliebte Samurai Jugend, Grazie und Schönheit zu sehen wähnte, da hatte Tomozō den Moder des Todes erblickt. Und gleich darauf hatte sich eine zweite, noch grauenvollere weibliche Gestalt schattenhaft im Zimmer gebildet und sich langsam dem Lauscher zubewegt, als habe sie plötzlich seine Gegenwart entdeckt. Da, in äußerstem Entsetzen, war er geflohen und hatte das Haus Hakuōdō Yusais, des Glaslinsenschleifers, aufgesucht und so lange und ungestüm an die Tür geklopft, bis der Alte aufgemacht hatte.

---

[22] Die Ausdrucksweise der Samurai und Angehöriger anderer höherer Klassen unterscheidet sich deutlich von der Sprache der einfachen Leute. Es ist jedoch schwierig, diese Unterschiede in einer Übersetzung zu verdeutlichen.

V

Hakuōdō Yusai, der Ninsomi, war ein Greis, der in seiner Jugend weit herumgekommen war und so viel merkwürdige Dinge in seinem Leben gesehen und gehört hatte, dass es nicht so bald etwas gab, was ihn hätte in Erstaunen setzen können. Was ihm Tomozō jetzt erzählte, überraschte ihn jedoch aufs äußerste. Wohl hatte er in alten chinesischen Büchern früher so manches über die Liebe zwischen Lebenden und Toten gelesen, es jedoch nie geglaubt und stets für Erfindung gehalten. An der Wahrhaftigkeit Tomozōs zu zweifeln konnte ihm nicht in den Sinn kommen, denn der Mann stand zu offenkundig noch immer unter den augenfälligen Anzeichen des Entsetzens. Irgendetwas höchst Merkwürdiges ging im Hause des Samurai vor sich, das lag auf der Hand. Und sollten sich die Wahrnehmungen Tomozōs als richtig herausstellen, so war der junge Adelige rettungslos verloren.

„Ist die Frau ein Gespenst“, sagte Yusai zu dem noch immer zitternden Diener, „so muss dein Herr in kürzester Zeit sterben, es sei denn, dass sich irgendetwas Ungewöhnliches finden lässt, um sein Leben zu retten. Ist die Frau ein Gespenst, so werden die Zeichen des Todes auf seinem Gesichte offenbar werden. Denn der Geist eines Lebenden ist yoki und rein. Der Geist der Toten ist inki und unrein. Der eine ist positiv, der andere negativ. Wessen Braut ein Gespenst ist, der kann nicht leben bleiben, und hätte er selbst in seinem Blute die Kraft von hundert Erdenjahren, rasch würde sie verwehen… Dennoch will ich nichts unversucht lassen, um den Hagiwara Sama zu retten. Inzwischen sag niemand, was du gesehen hast, Tomozō, auch deinem Weibe nicht! Wenn die Sonne aufgeht, werde ich nach deinem Herrn sehen.“

VI

Am nächsten Morgen versuchte Shinzaburō dem Linsenschleifer Yusai gegenüber einfach abzuleugnen, er habe Frauen in seinem Hause empfangen. Als er jedoch bald einsah, dass diese überaus unschlaue Politik nicht verfing, und er überdies bemerkte, dass die Beweggründe des Alten völlig selbstlos waren, gab er schließlich zu, was vorgefallen war, und nannte den Grund, weshalb er wünsche, dass die Angelegenheit geheim bliebe: „Ich gedenke Fräulein Iijima zu heiraten, und zwar sobald wie nur irgend möglich“, sagte er.

„Welcher Wahnsinn!“ schrie Yusai und geriet förmlich außer sich vor Bestürzung. „Wissen Sie denn nicht, dass die Frauen, die Nacht für Nacht zu Ihnen kommen, Tote sind! Eine grauenvolle Täuschung hat sie befallen! Die einfache Tatsache, dass Sie selbst monatelang glaubten, O-Tsuyu sei gestorben, den Nembutsu für sie gebetet und Opfergaben dargebracht haben, ist doch schon Beweis genug!... Die Lippen einer Toten haben Sie berührt! Die Hände einer Toten haben Sie gestreichelt! Jetzt schon sehe ich auf Ihrem Gesicht die Vorzeichen des Todes, und noch immer glauben Sie mir nicht! Hören Sie mich, Herr, ich flehe Sie an, wenn Sie sich retten wollen, sonst sind Sie verloren und haben nur noch zwanzig Tage zu leben. Die Frauen haben Ihnen gesagt, sie wohnten im Distrikt von Shitaya in Yanaka-no-Sasaki. Waren Sie schon einmaldort? Nein! Natürlich nicht! Gehen sie heute noch hin und so bald wie möglich, und versuchen Sie einmal, das Haus, wo die beiden Frauen wohnen sollen, zu finden!“

Der Alte hatte die Worte in höchster Aufregung nur so herausgeschrien und entfernte sich eiligst.

Shinzaburō, im Innersten aufgewühlt, wenn auch keineswegs überzeugt, beschloss nach kurzem Nachdenken, dem Rate des Ninsomi zu folgen und nach Shitaya zu gehen. Es war noch früher Morgen, als er in Yanaka-no-Sasaki anlangte und seine Suche nach dem Hause O-Tsuyus begann. Er ging durch alle Straßen, Gassen und Seitengässchen, las alle Namen auf den Türschildern und stellte alle nur denkbaren Nachforschungen an. Aber kein Haus glich dem, das ihm O-Tsuyu geschildert hatte. Auch wusste niemand von einem Quartier, das von zwei Frauen bezogen worden sei. Überzeugt, dass jede Mühe, Näheres zu erfahren, vergeblich sei, beschloss Shinzaburō heimzugehen und wählte zu diesem Behufe den kürzesten Weg über den Friedhof von Shin-Banzui-In.

Da fiel in der Nähe des Tempels plötzlich sein Blick auf zwei neue Gräber. Das eine war ein einfacher Hügel, wie er für die Toten aus der niederen Volksschicht errichtet wird, das daneben trug ein großes und schönes Monument. Davor hing eine Päonienlaterne, die wahrscheinlich zur Zeit des Totenfestes von den Angehörigen der Verblichenen hierher gebracht worden war. Sofort erinnerte sich Shinzaburo, eine gleiche Päonienlaterne in der Hand O-Yonés gesehen zu haben. Da ihm die Sache befremdlich schien, sah er die beiden Gräber genauer an, aber keines trug irgendwelche Aufschrift, die nähere Aufschlüsse hätte geben können. Nur das buddhistische Kaimyō, die übliche Totenformel, stand davor. So beschloss er, im Tempel Erkundigungen einzuziehen, und erfuhr von dem dienenden Akolythen, dass das große Grab vor kurzem für die Tochter des Iijima Haizayemon, des Hatamoto von Ushigomé, errichtet worden sei und das kleine daneben für ihre Dienerin O-Yoné, die aus Gram über das Hinscheiden ihrer Herrin kurz darauf gestorben sei.

Sofort erwachte in Shinzaburō die Erinnerung an die Worte, die O-Yoné zu ihm gesprochen hatte, und jetzt bekamen sie plötzlich einen geheimen gespenstischen Sinn: „Wir gingen fort und bezogen ein ganz kleines Haus in Yanako-no-Sasaki. Dort wohnen wir jetzt überaus kümmerlich und ernähren uns durch allerlei kleine Arbeiten...

Ja! Hier war das „ganz kleine Haus“ in Yanaka-no-Sasaki. Aber „allerlei kleine Arbeiten?“ Was das wohl bedeuten mochte? Von Grauen erfasst, eilte der Samurai zu Yusai und bat ihn um Rat und Beistand. Aber der Alte erklärte ihm, er selbst sei außerstande, in diesem Fall irgendwelche erfolgversprechende Hilfe leisten zu können. Das einzige, was Shinzaburō tun könne, sei, sich mit einem Bittgesuch um religiösen Beistand an den Abt Ryōseki von Shin-Banzui-In zu wenden.

VII

Der Abt Ryōseki war ein gebildeter und heiliger Mann, der, geistig hellsehend, imstande war, das Geheimnis jeglicher menschlichen Sorge sofort zu erkennen und die Beschaffenheit des Karmas zu durchschauen, das die Ursache eines Leidens bildete. Unbeweglich hörte er die Erzählung Shinzaburōs an und sagte dann:

„Eine sehr große Gefahr droht dir jetzt, mein Sohn, infolge eines Irrtums, den du während eines deiner früheren Erdenleben begangen hast. Das Karma, das dich an die Tote bindet, ist ungemein stark. Aber wenn ich dir dessen Beschaffenheit zu erklären versuchen wollte, so würdest du mich nicht verstehen. Deshalb sage ich dir nur das: Die

Tote hat keineswegs den Wunsch, dir zu schaden. Sie hat auch kein Gefühl des Hasses gegen dich. Im Gegenteil, sie fühlt sich auf das leidenschaftlichste zu dir hingezogen. Wahrscheinlich hat das junge Mädchen zu dir in Liebesbeziehungen gestanden zu einer Zeit, die weit, weit zurückliegt, zu einer Zeit vor mindestens drei bis vier früheren Erdenleben. Obwohl sie seitdem ihre Form notwendigerweise entsprechend oft gewechselt hat, so hat es doch den Anschein, als habe sie nicht aufgehört, an dir zu hängen. Es wird deshalb für dich nicht leicht sein, ihrem Einfluss zu entrinnen. Ich leihe dir jetzt diese kraftvolle Mamori.[23] Es ist ein kleines goldenes Amulett, das den Buddha Kai-On-Nyōrai darstellt, der der meerbrandende Tathagata heißt, weil seine Predigt über das große Gesetz die Welt durch dröhnt hat wie eine Brandung des Meeres. Das kleine Bildnis dient insbesondere als Shiryō-yoké[24], das heißt, es schützt die Lebenden vor den Toten. Du musst es bei dir tragen im Gewand dicht am Körper, unter dem Gürtel… Außerdem werde ich noch heute im Tempel eine Segakimesse[25] lesen für die Toten, die keine Ruhe finden können. Und hier nimm ein heiliges Sutra, es heißt Ubō-Darani-Kyō, oder das schatzregnende

---

[23] Das japanische Wort Mamori hat mindestens genauso viele Bedeutungen wie bei uns der Begriff „Amulett“. Es wäre unmöglich, die Vielfalt der japanischen religiösen Gegenstände, die damit bezeichnet wird, in einer kurzen Fußnote zu erläutern. In dem hier vorliegenden Fall ist das Mamori ein sehr kleines Bild, vielleicht umschlossen von einem Miniaturschrein aus lackiertem Holz oder Metall, über den ein Seidenstoff gespannt ist. Solch kleine Bilder wurden oft von Samurai am Körper getragen. Vor kurzem hat man mir eine kleine Statuette von Kwannon in einem Metallgehäuse gezeigt, die ein Offizier während des Satsuma-Krieges bei sich trug. Dies hat möglicherweise sein Leben gerettet, da die Statuette eine Kugel aufhielt, die beim Aufprall eine deutlich sichtbare Einbeulung hinterlassen hat.

[24] Der Begriff ist abgeleitet von Shiryō (ein Geist) und yokeru (etwas ausschließen). Japaner beschreiben in ihren volkstümlichen Erzählungen zwei Arten von Geistern: Die Geister der Toten (Shiryō) und die Geister der Lebenden (Ikiryō). Ein Haus oder eine Person kann sowohl von einen Shiryō, wie auch von einem Ikiryō heimgesucht werden.

[25] So wird eine spezielle Messe bezeichnet, bei der denjenigen Toten Opfergaben dargebracht werden, die keine lebenden Angehörigen oder Freunde haben, die sich um sie kümmern. In dem hier vorliegenden Fall jedoch handelt es sich um eine besonders außergewöhnliche Messe.

Sutra[26] des indischen Priesters Amoghavajra, der im achten Jahrhundert nach China kam, die Lehre des Erhabenen zu verkünden. Du musst es jede Nacht zu Hause sorgfältig und ohne Stocken lesen. Ferner werde ich dir ein Paket mit O-fuda-Zetteln[27] geben, auf denen religiöse Texte geschrieben sind. Mit ihnen musst du die Öffnungen deines Hauses bekleben, alle, auch die kleinste Ritze. Wenn du das tust, wird die magnetische Kraft der heiligen Texte die Toten hemmen, einzutreten. Aber, was auch immer sich begeben wird, unterlasse auf keinen Fall, das Sutram zu sprechen."

Dankerfüllt verneigte sich Shinzaburō tief vor dem Abt, nahm das Amulett, das Sutram und das Bündel heiliger Texte in Empfang und eilte, so schnell er konnte, nach Hause, um seine Wohnung noch vor Sonnenuntergang zu erreichen.

VIII

Mit Beihilfe des Ninsomi Yusai gelang es Shinzaburō noch vor Einbruch der Dunkelheit, die Zettel mit den heiligen Inschriften an alle Öffnungen seines Hauses zu kleben. Dann suchte der Ninsomi seine eigene Wohnstätte auf und ließ ihn allein.

Die Nacht kam, warm und klar. Shinzaburo schloss die Türen, band sich das kostbare Amulett auf die Brust, begab sich unter das Moskitonetz und fing an, beim Schein einer Nachtlaterne das Ubō-Darani-Kyō des Buddhas zu lesen. Lange murmelte er die Worte vor sich hin, erfasste ihren Sinn jedoch nur in geringem Maße. Dann versuchte er, ein

---

[26] Ubō-Darani-Kyō ist die japanische Aussprache des Titels des sehr kurzen indischen Sutras. Der chinesische Text enthält Transkriptionen einiger mysteriöser Begriffe aus dem Sanskrit, ähnlich derer aus Kerns Übersetzung des Saddharma-Pundarika.

[27] O-fuda ist die allgemeine Bezeichnung für religiöse Texte, die als Glücksbringer verwendet werden. Manchmal sind die Texte in Holz eingeprägt oder eingebrannt, meist werden sie aber auf schmale Papierstreifen geschrieben oder gedruckt. O-fuda werden zum Beispiel über Hauseingänge, an Zimmerwände oder auf Tafeln an Hausschreinen geklebt. Einige Sorten werden am Körper von Personen getragen, andere werden in Tablettenform gepresst und als spirituelle Medizin geschluckt. Die Texte größerer O-fuda werden oft von merkwürdigen Bildern oder symbolischen Zeichnungen begleitet.

wenig zu ruhen. Aber sein Geist war noch zu erregt infolge der seltsamen Erlebnisse, die ihm der Tag gebracht hatte. Mitternacht war vorbei, und noch immer hatte er keinen Schlaf gefunden. Er hörte noch ganz deutlich, wie die große Tempelglocke des Dentsu-In die achte Stunde[28] verkündete.

Als sie verstummte, schlug plötzlich der Klang der hölzernen Frauensandalen, wie damals, von der Hecke her an sein Ohr, nur langsamer und müder als früher: Karan – Koron, Karan, Koron! Kalter Schweiß trat ihm auf die Stirne. Hastig schlug er das Sutram auf mit zitternder Hand und begann laut den Text zu rezitieren. Die Schritte kamen näher und näher, erreichten das Gartentor, blieben stehen! Da! – seltsam – Shinzaburō fühlte mit einem Male, dass es ihm unmöglich war, unter dem Moskitonetz zu bleiben. Etwas, was stärker war als seine Furcht, zwang ihn aufzustehen, um einen Blick hinauszuwerfen, und anstatt das Sutra weiter herzusagen, ging er törichterweise zum Fenster und spähte durch eine Ritze in den Garten. Draußen stand O-Tsuyu und neben ihr O-Yoné mit der Päonienlaterne. Beide starrten unverwandt auf die buddhistischen Texte über dem Hauseingang. Noch nie zuvor hatte O-Tsuyu so schön ausgesehen, und Shinzaburō fühlte, wie es sein Herz mit unwiderstehlicher Gewalt zu ihr hinzog. Aber das Grauen vor dem Tode und die Schrecken einer unbekannten jenseitigen Welt hielten ihn noch zurück. Ein Kampf zwischen Liebe und Furcht entbrannte in seinem Herzen, so dass er im Körper bereits alle Qualen der Shō-netsu-Hölle[29] zu spüren vermeinte. Da hörte er O-Yoné sagen:

---

[28] Gemäß der Art und Weise, wie früher in Japan die Zeit gezählt wurde, entspricht diese Yatsudoki (achte Stunde) unserer zweiten Stunde nach Mitternacht. Jede japanische Stunde entsprach zwei europäischen Stunden, so dass es nur sechs Stunden gab und nicht, wie bei uns, zwölf. Diese sechs Stunden wurden rückwärts gezählt, in der Reihenfolge 9, 8, 7, 6, 5, 4. Deshalb entsprach die neunte Stunde unserer Mittags- oder Mitternachtsstunde, halb zehn war unsere neunte Stunde, die achte Stunde entsprach zwei Uhr. Zwei Uhr morgens wurde auch die „Stunde des Ochsen“ genannt. Dies war die Zeit der Geister und Kobolde.

[29] En-Netsu oder Sho-netsu (“Tapana” in Sanskrit) ist die sechste der acht heißen Höllen des japanischen Buddhismus. Ein Tag in dieser Hölle entspricht der Zeitdauer von Tausenden (einige sagen Millionen) von menschlichen Lebensjahren.

„Geliebte Herrin, hier ist kein Eingang mehr. Das Herz des Hagiwara Samas muss erkaltet sein, denn er hat das Versprechen, das er gestern gegeben hat, gebrochen. Die Türen sind fest versperrt, um uns auszuschließen. Heute Nacht können wir nicht hinein. Es wäre gescheiter, nie mehr an ihn zu denken, denn seine Liebe ist sicherlich erloschen. Es ist klar, er will nichts mehr von Euch wissen. Ihr solltet Euch nicht eines Mannes wegen grämen, dessen Herz so grausam sein kann."

O-Tsuyu flüsterte traurig: „Ach, denken zu müssen, so etwas könne wirklich sein nach den vielen Schwüren, die wir gestern noch getauscht haben! Oft hat man mir gesagt, das Herz eines Mannes wechsele die Gefühle wie der Herbsthimmel die Wolkengebilde, aber, und das weiß ich gewiss, das Herz des Hagiwara Sama kann so grausam nicht sein, dass er mich auf diese Weise von sich stieße! Liebe O-Yoné, finde doch Mittel und Wege, dass ich zu ihm kann. Tust du es nicht, so werde ich nie wieder heimgehen!"

Und sie fuhr fort zu jammern und zu klagen, bedeckte das Antlitz mit einem Zipfel ihres Ärmels, und ihr Anblick war ein Bild rührendster, unwiderstehlichster Schönheit. Aber zu schwer lastete die Furcht auf dem Samurai. Er hörte noch, wie O-Yoné antwortete:

„Meine liebe junge Herrin, so wollt Ihr Euch also wirklich um eines Mannes willen abhärmen, der so über alle Begriffe gefühllos zu sein scheint? Nun gut, suchen wir, ob wir nicht von der Rückseite des Hauses aus einen Eingang finden können!"

Und O-Tsuyu an der Hand fassend, führte sie sie in der Richtung vom Hause weg, und dort verschwanden beide plötzlich, so wie ein Licht erlischt, wenn die Flamme einer Lampe ausgeblasen wird.

IX

Nacht für Nacht um die zweite Stunde, die Stunde des Ochsen, kamen die beiden Schemen, und jedes Mal hörte Shinzaburō deutlich das leise Weinen O-Tsuyus. Er hielt sich bereits für gerettet und ahnte nicht, dass sein Schicksal infolge der Charakterlosigkeit seiner Untergebenen schon entschieden war.

Tomozō hatte zwar Yusai versprochen, niemand gegenüber, auch seiner Frau O-Miné gegenüber nicht, auch nur ein Wort hinsichtlich der seltsamen Begebnisse, deren Augenzeuge er gewesen war, fallenzulassen, aber nicht lange ließen ihn die gespenstischen Versucherinnen in Ruhe. Nacht für Nacht betrat O-Yoné seinen Schlafraum, erweckte ihn aus dem Schlummer und bat ihn, die O-fuda, die an einem kleinen Fenster in der Rückwand des Hauses seines Herrn hing, zu entfernen. Tomozō versprach es zwar aus Furcht jedes Mal, konnte sich jedoch bei Tage niemals entschließen, es auszuführen, da er fürchtete, seinem Herrn dadurch Böses zuzufügen. Endlich, in einer stürmischen Nacht, schreckte ihn O-Yoné aus dem Schlummer, beugte sich über ihn und schrie ihn an:

„Hüte dich, uns noch länger zum Besten zu haben! Wenn du bis morgen Nacht den Zettel nicht entfernt hast, wirst du erfahren, wie ich hassen kann!"

Und ihre Züge verzerrten sich zu einer so schrecklichen Fratze, dass Tomozō glaubte, vor Schrecken sterben zu müssen.

Bis dahin hatte O-Miné, sein Weib, von diesen nächtlichen Besuchen nichts gewusst, und auch er selbst hatte sie für Alpträume gehalten. In dieser Nacht jedoch wachte O-Miné plötzlich auf und hörte, dass eine Frauenstimme auf Tomozō einsprach. Fast im selben Augenblick verstummte die Stimme, und O-Miné sah beim Scheine der Nachtlampe, dass ihr Gatte sich aufgerichtet hatte, vor Entsetzen zitterte und totenblass war. Das Phantom war verschwunden, die Tür fest verschlossen. Dass jemand im Zimmer gewesen sein konnte, schien ein Ding der Unmöglichkeit zu sein. Nichtsdestoweniger quälte O-Miné die Eifersucht, und sie bestürmte Tomozō so lange mit Fragen und Vorwürfen, bis er ihr endlich das Geheimnis verriet und das schreckliche Dilemma, in dem er sich befand, schilderte.

Die Eifersucht O-Minés machte den Gefühlen des Erstaunens und äußerster Bestürzung Platz, aber da sie ein schlaues Weib war, reifte in ihr sofort ein Plan, wie sie ihren Gatten auf Kosten Shinzaburōs retten könnte, und sie riet Tomozō, auf den Vorschlag der Toten einzugehen.

In der nächsten Nacht, wiederum in der Stunde des Ochsen, kamen die beiden Phantome, und O-Miné verbarg sich voll Furcht, als das Klappern der hölzernen Sandalen – Karan – Koron, Karan – Koron – draußen erklang. Tomozō aber ging hinaus und sagte, was ihm seine Frau geraten hatte:

„Es ist wahr, ich verdiene Euren Tadel, aber es lag nicht in meiner Absicht, Euch zu erzürnen. Der Grund, weshalb ich die O-fuda nicht entfernt habe, ist der, dass wir von der Unterstützung des Hagiwara Sama leben und ihn einer Gefahr nicht aussetzen können, ohne uns selbst zu schädigen. Aber wenn wir die Summe von 100 Ryō in Gold bekämen, wären wir unabhängig und auf keines Menschen Hilfe mehr angewiesen. Wenn Ihr uns also die 100 Ryō gebt, kann ich die O-fuda entfernen, ohne fürchten zu müssen, mittellos zu werden."

O-Yoné und O-Tsuyu sahen einander einen Augenblickwortlos an, dann sagte O-Yoné:

„Herrin, ich habe Euch bereits vorgestellt, dass es unrecht war, diesen Mann in Kümmernis zu stürzen, denn wir haben keinen Anlass, ihm Böses zuzufügen. Bedenket, wie zwecklos es ist, sich um des Hagiwara Sama willen zu grämen, wo sein Herz doch nicht mehr für Euch schlägt. Noch einmal bitte ich Euch jetzt, meine teure, junge Herrin, denkt nicht mehr an ihn!"

Aber O-Tsuyu brach in Weinen aus und antwortete:

„Liebe O-Yoné, was auch immer draus werden sollte, ich kann, ich kann, ich kann doch nicht anders! Ich muss an ihn denken! Du weißt, du kannst die 100 Ryō beschaffen! Nur ein einziges Mal, ich bitte dich, O-Yoné, mach es möglich, dass ich den Hagiwara Sama sehen kann, ich flehe dich an!" Und sie verhüllte ihr Antlitz mit einem Zipfel ihres Ärmels und klagte und jammerte.

„Ach, warum bittet Ihr mich, dies zu tun?" erwiderte O-Yoné. „Wo Ihr doch wisst, dass ich kein Geld habe! Aber da Ihr darauf besteht, so bleibt mir nichts anderes übrig, als darüber nachzudenken, wie ich die Summe beschaffen und morgen hierher bringen kann."

Dann wandte sie sich zu dem treulosen Tomozō: „Höre! Der Hagiwara Sama trägt an seinem Leibe eine Mamori mit dem Bildnis des Kai-On-Nyōrai, und solange er sie trägt, können wir uns ihm nicht nähern. Du musst also nicht nur die O-fuda, sondern auch die Mamori entfernen."

Mit bebender Stimme versprach Tomozō: „Auch das will ich tun, wenn Ihr mir die 100 Ryō bringt."

„Gut, Herrin", sagte O-Yoné, „so bleibt uns nichts übrig, als zu warten. Nicht wahr, Ihr werdet Euch noch bis morgen gedulden?"

„Ach, liebe O-Yone", klagte schluchzend O-Tsuyu, „müssen wir also wirklich heute wieder fort, ohne den Hagiwara Sama gesehen zu haben! Welch grausames Verhängnis!"

Und weinend ließ sich der Schatten der Herrin von dem Schatten der Dienerin wegführen.

X

Wiederum verging ein Tag, und eine Nacht kam, und mit ihr kamen die Toten. Aber diesmal hörte man kein Jammern vor dem Hause des Hagiwara, denn der treulose Diener hatte seinen Judaslohn um die Stunde des Ochsen bekommen und die O-fuda entfernt. Er hatte es auch über sich gebracht, während sein Herr im Bade gewesen war, die goldene Mamori aus ihrem Gehäuse zu stehlen und sie durch ein Bildnis aus Kupfer zu ersetzen. Dann hatte er den Kai-On-Nyōrai-Talisman in einem brachliegenden Acker vergraben. So kam es, dass die gespenstischen Besucherinnen kein Hemmnis mehr fanden, das ihnen den Eintritt verwehrt hätte. Die Gesichter mit den Ärmeln ihrer leider verhüllt, schwebten sie empor und zogen wie Schleier aus Nebelhauch durch das kleine Fenster hinein, über dem der Streifen mit dem heiligen Text abgerissen war. Was sich aber im Innern des Hauses begab, das hat Tomozō nie erfahren.

Die Sonne stand bereits hoch am Himmel, als er es endlich wagte, sich der Wohnung seines Herrn zu nähern und an die Schiebetüren zu klopfen. Das erste Mal seit Jahren, dass er keine Antwort bekam! Die Stille machte ihn beklommen. Er rief; auch da keine Antwort. Mit Hilfe O-Minés lockerte er die Tür, zwängte sich durch die Öffnung und ging zum Schlafzimmer, wo er abermals vergebens rief. Er schob die laut rasselnden Jalousien auf, um Licht hereinzulassen. Aber noch immer blieb es im Innern des Hauses totenstill. Schließlich wagte er es, einen Zipfel des Moskitonetzes hochzuheben, aber kaum hatte er einen Blick darunter geworfen, da stieß er einen Schrei des Schreckens aus und floh ins Freie.

Shinzaburō war tot – auf grässliche Weise ums Leben gekommen. Sein Gesicht war verzerrt wie das eines Menschen, der unter dem Eindruck furchtbarsten Entsetzens gestorben ist, und neben ihm im Bette lag das modrige Gebein einer Frau, die Knochen der Arme und Hände fest um seinen Nacken geschlungen.

XI

Hakuōdō Yusai, der Wahrsager, war auf die Bitte Tomozōs gekommen, die Leiche zu besichtigen. Erstaunt und voll Schrecken über den Anblick, der sich ihm bot, spähte er dennoch mit scharfem Auge um sich und bemerkte bald, dass die O-fuda von dem kleinen Fenster abgerissen war, und als er den Toten untersuchte, fand er, dass die goldene Mamori fehlte und durch ein Kupferbildnis des Fudō ersetzt war. Er sagte sich sofort, dass niemand anders als Tomozō der Dieb gewesen sein könne. Die Entdeckung schien ihm so außergewöhnlich zu sein, dass er beschloss, bevor er weitere Schritte unternähme, den Priester Ryōseki zu Rate zu ziehen. Und so schnell, wie es ihm seine alten Beine erlaubten, lief er zum Tempel von Shin-Banzui-In.

Ohne zu fragen, worum es sich handle, lud ihn Ryōseki ein, in sein Privatgemach zu kommen:

„Du weißt, du bist hier immer willkommen. Bitte, mache es dir bequem. Es tut mir leid, dass der Hagiwara Sama tot ist."

„Ja, er ist tot. Aber wie konntest du das erfahren?" rief Yusai erstaunt.

„Der Hagiwara Sama stand unter den Folgen eines verhängnisvollen Karmas", sagte der Priester ruhevoll, „und sein Diener war ein schlechter Mensch. Was dem Hagiwara Sama zugestoßen ist, war unabwendbar, sein Schicksal war vorausbestimmt lange vor seiner Geburt. Aber es ist besser für dich, du grämst dich deshalb nicht weiter."

Yusai erwiderte: „Wohl habe ich gehört, dass ein Priester mit reinem Lebenswandel die Macht hat, hundert Jahre in die Zukunft zu schauen, aber es ist heute das erste Mal, dass ich Gelegenheit habe, Zeuge solcher Wahrheit zu sein. Doch es handelt sich außerdem noch um etwas, was mich bedrückt „

„Du meinst", unterbrach ihn Ryōseki, „den Diebstahl der Mamori des Kai-On-Nyōrai? Kümmere dich nicht weiter darum. Das Amulett ist in einem Acker vergraben worden und wird dort gefunden und mir im achten Monat des kommenden Jahres zugestellt werden. Du brauchst dich also deswegen nicht zu grämen."

Aufs höchste erstaunt, wagte der alte Ninsomi zu bemerken: „Ich habe den In-Yō, die weiblichen und männlichen Prinzipien der Natur - gemäß der alten chinesischen Überlieferung studiert[30] und alles, was auf Wahrsagekunst Bezug hat, und ich lebe doch davon, dass ich den Leuten die Zukunft deute. Aber es ist mir ein vollkommenes Rätsel, wie du alle diese Dinge wissen kannst."

„Grüble nicht darüber nach, wieso das möglich ist", sagte Ryōseki ernst. „Ich will dir noch einiges sagen, was das Begräbnis Shinzaburōs betrifft. Das Geschlecht der Hagiwara hat eine eigene Familiengruft, aber es geht nicht an, dass man ihn dort beisetzt. Er muss neben O-Tsuyu begraben werden, denn seine karmischen Beziehungen zu ihr waren sehr eng. Und es ist nur recht und billig, dass du auf deine Kosten ihm ein Grab errichtest, denn er hat dir viele Freundlichkeiten erwiesen."

Und so geschah es, dass Shinzaburō neben O-Tsuyu auf dem Friedhofe in Yanaka-no-Sasaki bestattet wurde.

Damit endet die Gespenstergeschichte im Roman „Die Päonienlaterne".

***

Mein Freund fragte mich, ob mich die Erzählung interessiert habe, und ich antwortete, ich möchte am liebsten sogleich auf den Friedhof von Shin-Banzui-In gehen, um das Lokalkolorit des Schauplatzes an Ort und Stelle zu studieren.

---

[30] Diese chinesische Philosophie ist dem westlichen Leser besser als "Feng Shui" bekannt.

„Ich gehe mit Ihnen hin, wenn Sie erlauben", sagte mein Freund. „Aber wie denken Sie über die Charaktere der Personen in der Erzählung?"

„Einem Europäer", erklärte ich, „muss Shinzaburō als eine ganz verächtliche Kreatur erscheinen. Wenn ich ihn mit einem Liebhaberhelden unserer romantischen Balladenliteratur vergleiche, so muss ich sagen, ein solcher wäre seinem Herzlieb mit Freuden ins Grab nachgefolgt, trotzdem er als Christ doch nur ein einziges Leben nach seinem Glaubensbekenntnis zur Verfügung gehabt hätte und nicht, wie Shinzaburō, der Buddhist, Millionen Erdenleben hinter sich und Millionen vor sich. Dennoch war der Hagiwara Sama selbstsüchtig genug, auch nicht eine elende Existenz dem Mädchen zu opfern, das aus dem Reiche der Toten zurück zu ihm kam. Überdies war er womöglich noch feiger als selbstsüchtig, denn obgleich Samurai von Geburt und Erziehung, hat er sich trotzdem um Hilfe gegen die Gespenster an einen Priester gewandt. So oder so: Er ist und bleibt verächtlich, und O-Tsuyu hat ganz rechtgehabt, ihn ins Grab zu ziehen."

„Auch nach japanischer Ansicht", bekräftigte mein Freund, „erscheint er eher verächtlich. Aber der Autor brauchte eben einen solchen schwachen Charakter, um sein Stück darauf aufzubauen, andernfalls hätte er es nicht so wirkungsvoll gestalten können. Nach meiner Ansicht ist die anziehendste Figur die O-Yonés. Sie ist der Typus der liebevoll ergebenen Dienerin der alten Zeit, intelligent, schlau, hilfsbereit und treu, nicht nur bis zum Tode, nein, treu noch übers Grab hinaus... Aber, gehen wir jetzt nach Shin-Banzui-In."

Wir fanden den Tempel uninteressant und den Friedhof aufs äußerste vernachlässigt. Wo einst Gräber standen, waren Kartoffeläcker aufgeworfen. Die Grabsteine, teils schief, teils umgefallen, trugen kaum mehr lesbare Inschriften, und den Buddhastatuen fehlten Hände und Füße, die Wassernischen leer und bemoost. Regengüsse hatten den Boden in schwarzen Humus verwandelt und lehmige Tümpel darin zurückgelassen, in denen Scharen winziger Frösche herumhüpften. Alles, die Kartoffelbeete ausgenommen, schien seit Jahren der Vergessenheit anheimgefallen zu sein. Mein Freund fragte ein Weib, das vor einer Hütte saß und kochte, ob sie Näheres über die Gräber wisse, von denen in dem Romane „Die Päonienlaterne" die Rede sei.

„Oh, die Gräber O-Tsuyus und O-Yonés?“ sagte sie lächelnd, „die finden Sie gleich am Ende der ersten Reihe hinter dem Tempel, da, wo die Jizō-Statue steht.“

Derartige Überraschungen habe ich öfter in Japan erlebt.

Wir tasteten uns einen Weg zurecht zwischen den Regenrinnen und den grünenden Rillen frisch angepflanzter junger Kartoffeln, deren Wurzeln sich zweifellos nährten vom Staube so mancher O-Yoné und so mancher O-Tsuyu, und gelangten schließlich zu zwei moosüberzogenen Gräbern, deren Inschriften fast ganz zerstört schienen. Neben dem größeren der beiden Gedenksteine stand eine Jizōstatue mit abgebrochener Nase.

„Die Buchstaben lassen sich kaum mehr entziffern“, sagte mein Freund, „aber warten Sie, wir werden sehen.“ Und er zog aus seinem Ärmel einen Bogen weißen, weichen Papiers, legte es auf die Inschrift und begann es mit einem Klumpen Lehm zu reiben. Sogleich erschienen auf der sich schwärzlich färbenden Oberfläche die Buchstaben in weiß:

„‚Elfter Tag – dritter Monat der Ratte – älterer Bruder – Leuca – sechstes Jahr Horeki (1756 unserer Zeitrechnung)‘… Offenbar lag hier ein Gastwirt aus Nedzu namens Kichibei begraben.“

„Sehen wir, was auf dem anderen Steine geschrieben steht!“

Ein neuer Bogen Papier gab folgenden Aufschluss: „‚En-myō-In, Hō-yō-I-tei-ken-shi, Hō-ni‘: ‚Nonne nach dem Gesetze, erleuchtet, rein im Herzen und im Wollen, voll des Ruhmes im geistigen Gesetze, Bewohnerin des Hauses der Wunderpredigt‘… Offenbar das Grab irgendeiner buddhistischen Nonne!“

„Da hört sich doch alles auf!“ rief ich. „Das Weib hat sich einen albernen Spaß mit uns erlaubt.“

„Sie tun ihr unrecht“, widersprach mein Freund. „Sie sind hierhergekommen, um irgendeine Sensation zu haben, und sie hat ihr Bestes getan, um Ihnen dazu zu verhelfen. Übrigens, Sie sagten doch, Sie glaubten nicht an die Gespenstergeschichte! Oder?«

G. YETO

Hundegeheul

Mager ist sie wie ein Wolf und sehr alt, die weiße Hündin, die nachts mein Tor bewacht. Wohl mit fast allen jungen Männern und Frauen der Nachbarschaft hat sie gespielt, als sie noch Knaben und Mädchen waren. Ich selbst kenne sie seit dem Tage, wo ich das Haus, in dem ich wohne, bezog. Sie hat es bewacht, so sagte man mir, von Jugend auf und hat eine lange Reihe von Mietern kommen und gehen sehen. Warum man gerade ihr die Stelle einer Hüterin übertrug? Vermutlich nur aus dem Grunde, weil sie in der Holzlege an der rückwärtigen Mauer des Hauses das Licht der Welt erblickte. In einem Punkte sind alle einig: Ob sie nun gut oder schlecht behandelt wurde, als Schildwache hat sie jederzeit getreulich ihre Pflicht erfüllt. Nahrungssorgen kennt sie nich, die Familien der Straße bestreiten ihren Unterhalt.

Sie ist sanftmütig und schweigsam, wenigstens bei Tag, und trotz ihrer schauerlichen Hässlichkeit, ihrer spitzigen Raubtierohren und ihrer einigermaßen bösartig dreinblickenden Augen hat sie doch jeder gern. Kinder reiten auf ihrem Rücken, zausen sie, wie es ihnen gerade passt, und sie knurrt dabei nicht einmal, obwohl sie, wie wir alle genau wissen, Fremden gegenüber sehr ungemütlich werden kann. Der Lohn ihres guten Herzens ist aber auch die warme Freundschaft, die ihr das ganze Dorf entgegenbringt, und wenn der Schinder zweimal im Jahr die Runde macht, passen alle Nachbarn auf, dass ihr nichts geschieht. Eines Tages war sie nahe daran, die Schlinge um den Hals zu bekommen, aber die Frau des Schmiedes eilte auf Windesflügeln herbei und widersetzte sich erfolgreich den blutdürstigen Plänen des Polizisten.

„Soll der Eigentümer an dem Biest doch seinen Namen anbringen", sagte der Mann ärgerlich, „dann lasse ich es ja gern in Ruhe. Wem gehört es denn?"

Das war nun freilich eine sehr schwer zu beantwortende Frage. Die Hündin gehörte jedermann und doch niemand. Willkommen war sie überall, aber wer konnte von sich sagen, er sei ihr rechtmäßiger Besitzer?

„Irgendwohin muss sie doch gehören!" forschte der Polizist hartnäckig.

„Na, sie gehört eben zu dem Hause des Fremden dort drüben", sagte die Frau des Schmiedes.

„Dann soll er ihr seinen Namen aufs Fell pinseln", riet der Hundefänger.

Demgemäß malte ich ihr noch am selben Tag meinen Namen in großen japanischen Buchstaben auf den Rücken. Den Nachbarn schien jedoch dadurch ihre Sicherheit keineswegs genügend gewährleistet, und sie veranlassten deshalb den Priester von Kobudera, ihre linke Seite mit einer prachtvollen chinesischen Inschrift zu verzieren. Überdies verewigte der Schmied seinen Namen auf ihrer rechten Flanke, und der Gemüsehändler pinselte ihr auf die Brust die Zahl 800, was so viel bedeutet wie: „Yaoya" (Gemüsegeschäft). Das Wort „Yaoya" besagt nämlich: „Hier kann man mindestens 800 verschiedene Waren einkaufen." Die Folge war, dass die Hündin von da an einen überaus seltsamen Anblick bot. Allerdings gefeit war sie durch diese kalligraphischen Ornamente gegen jeglichen Übergriff von Seiten der Behörde für alle Zeiten.

Nur eines habe ich an ihr auszusetzen: Sie heult in der Nacht. Heulen ist nämlich eine der wenigen Überschwenglichkeiten, die sie sich leistet. Anfangs wandte ich gewisse Schreckmethoden an, um ihr dieses Laster abzugewöhnen, als ich jedoch merkte, dass sie mich nicht ernst nahm, unterließ ich es und dulde seitdem mit Ergebenheit, was ich nicht ändern kann. Sie durchprügeln? Schrecklicher Gedanke.

Widerwärtig aber ist und bleibt mir ihr Geheul. Es erfüllt mich mit einer unerklärlichen Unruhe. Es quält mich, wenn ich es höre, wie das würgende Vorgefühl, das das Nahen des Alpdrückens verkündet. Es versetzt mich geradezu in Angst. Das mag, wenn man es so hingeschrieben liest, lächerlich klingen, aber wer diese Art Geheul einmal gehört hat, der weiß, was ich meine. Es ist ein merkwürdiges Geheul. Ein Geheul, ganz anders, als es die gewöhnlichen Straßenhunde hören lassen. Es ist in keiner Weise mit dem europäischer Hunde zu vergleichen und klingt weit, weit unheimlicher. Ich möchte sagen, es hat etwas an sich, das aus uralten Zeitenstammt. Die Hündin, von der ich spreche, gehört einer wilden Rasse an, die man meist nur im Norden findet, die an Wölfe erinnert und fremdartig berührt. Vielleicht ist deshalb ihr Geheul so seltsam und mutet einen an wie der primitive Urwaldschrei einer Tiergattung, die noch Jahrhunderte vor dem Verkehr mit dem Menschen bestand.

Es beginnt mit einem verhaltenen Jammern, wie aus quälendem Traum heraus, steigert sich zu langem, langem Wehklagen, das dem Heulen des Windes gleicht, wird dann zu zitterndem Kichern, das wieder umschlägt in neue, nur viel wildere und schrille Klagelaute, um plötzlich in ein raubtierhaftes, entsetzliches Lachen auszuarten, das in leises trauriges Schluchzen, dem Weinen eines kleinen Kindes ähnlich, ausklingt. Der Kontrast zwischen dem dämonenhaften Gelächter und der herzzerreißenden Klage hat für mich etwas Gespensterhaftes, etwas an Irrsinn Grenzendes. Ein gewisser ähnlicher Zwiespalt muss, so glaube ich, in der Seele dieses Geschöpfes herrschen. Ich weiß bestimmt, sie liebt mich, diese Hündin und würde sich härmen, wenn ich stürbe. Sie würde darüber ganz anders denken als andere Hunde, etwa als Hunde mit hängenden Ohren, die der Natur ferner stehen als sie und nicht so wildursprünglich sind wie sie. Ich stelle mir vor, sie würde zuerst in tiefem Schmerz aufheulen, wenn sie meinen Leichnam irgendwo an einem einsamen Orte fände, dann aber, wenn sie ihrer Trauerpflicht genügt hätte, würde sie sich auf die einfachste und natürlichste Weise trösten, nämlich, sie würde mich fressen und meine Knochen mit ihren langen Wolfszähnen zerkrachen. Dann würde sie sich vermutlich im Gefühl eines fleckenlosen Gewissens niedersetzen und den Begräbnisgesang ihrer Vorfahren anstimmen.

Ihr Geheul, das ich jetzt wieder höre, erweckt in mir, abgesehen von dem Schrecken, den es mir einflößt, gleichzeitig eine seltsame Neugierde. Es kommt von der fast rhythmischen Wiederkehr einzelner Vokale, die, so will mir scheinen, gewisse Gedanken ausdrücken sollen und Äußerungen einer tierhaften Sprache sind. Das Ganze ist ein Gesang, ein Gesang voll Gefühlen und Begriffen, die nichts Menschliches an sich haben und uns deshalb vollkommen unfassbar bleiben müssen.

Hunde jedoch verstehen offenbar, was dieser Gesang bedeutet, denn sie antworten, obgleich meilenweit weg, durch die Finsternis der Nacht. Oft muss ich mein Gehör aufs äußerste anstrengen, um ihre Antwort noch zu vernehmen, so groß ist die Entfernung. Der Worte, wenn man hier von „Worten" reden darf, die der Gesang enthält, sind nur wenige, aber nach der Erregung zu schließen, die sie in Hundekreisen hervorrufen, müssen sie überaus inhaltsreich sein. Vielleicht dreht es sich da um Dinge, die sich auf Gerüche beziehen, auf Aushauche, Einflüsse, Ausstrahlungen, die unsern stumpfen menschlichen Sinnen verschlossenes Land bedeuten. Vielleicht um feine Anregungen, für die es keinen Namen gibt, um Impulse und Anreize, die der Vollmond in den Geistern der Hunde zum Leben erweckt.

Kennten wir die seelischen Empfindungen eines Hundes, seine Gedanke und Gefühle, so läge auch die Möglichkeit für uns nahe, gewisse seltsame Übereinstimmungen zwischen seinem Charakter und der Unruhe zu entdecken, die uns befällt, wenn wir ihn nächtlicherweile heulen hören. So aber sind die Sinne eines Hundes gänzlich andere als die eines Menschen, und wir werden deshalb das Rätsel niemals lösen können. Bestenfalls müssen wir uns aufs Raten verlegen, wenn wir die Bedeutung jener Unruhe ermessen wollen. Gewisse Noten in dem langhingezogenen Schrei, insbesondere die unheimlich anmutenden, haben eine erschreckende Ähnlichkeit mit jenen Tönen der menschlichen Stimmen, die Todesangst und Entsetzen ausdrücken. Andererseits wiederum kann man mit gutem Grunde annehmen, dass der Klang des Schreies selbst seit unvordenklichen Zeiten vom menschlichen Vorstellungsvermögen als nicht misszuverstehender Ausdruck der Furcht gedeutet wurde. Eine bemerkenswerte Tatsache ist, dass in fast allen Ländern, Japan mit inbegriffen, das Heulen des Hundes so aufgefasst wird, als nähme der Hund grauenvolle Dinge wahr, die für unsere Augen unsichtbar sind, etwa Dämonen oder Gespenster. Diese Übereinstimmung im Aberglauben der Völker legt den Schluss nahe, dass es dasselbe Element ist, das sowohl den Schrei verursacht als auch uns aufrüttelt, nämlich: das Grauen vor dem Übernatürlichen.

Heute haben wir uns allerdings abgewöhnt, Furcht vor dem Unsichtbaren zu empfinden, denn wir alle wissen, dass wir selbst übernatürlich sind, dass sogar der körperliche Mensch mit seinem gesamten Sinnenleben gespenstischer ist als irgendein Gespenst, das die Phantasie unserer Vorfahren je erschuf, aber eine dumpfe Erinnerung an die Furcht, die wir einst in grauer Vorzeit empfunden haben mögen, schlummert in unserer Seele und wacht, einem Echo vergleichbar, wieder auf, wenn wir nachts die Hunde heulen hören. Was auch immer, dem menschlichen Auge unsichtbar, den Sinnen eines Hundes zuzeiten wahrnehmbar wird, es kann in nichts der Vorstellung nahekommen, die wir uns von einem Gespenste machen. Höchstwahrscheinlich ist die Ursache, die den Hund erschreckt auffahren und winseln macht, überhaupt nichts Sichtbares. Es liegt vom Standpunkte des Anatomen kein Grund vor, anzunehmen, die Hunde besäßen ein besonders gesteigertes Sehvermögen. Hingegen ist ihr Vermögen zu riechen unverhältnismäßig schärfer ausgebildet als das des Menschen. Der alte allgemeine Glaube an die übermenschliche Wahrnehmungskraft der Kreatur wurde längst durch Tatsachen erhärtet, aber auf das Sehvermögen hat es keinen Bezug. Ist das Heulen der Hunde wirklich der Ausdruck der Gespensterfurcht, dann wäre es nur in die Worte zu fassen: „Ich rieche die Phantome", nicht aber: „Ich sehe sie!" Nichts deutet darauf hin, dass ein Hund mehr sehen könnte als ein Mensch.

Das nächtliche Geheul der weißen Hündin dort unten in meinem Garten lässt mich nachgrübeln, ob sie nicht vielleicht auf seelische Weise irgendetwas Schreckliches wittert, etwas, was wir vergebens ausunserem Bewusstsein wegleugnen möchten: Ein dunkles Gesetz des Lebens, das mit den Sagen von Ghoulen und Vampiren zu tun hat. Ja, es gibt Zeiten, wo mich der Schrei berührt, als käme er gar nicht aus der Brust eines Tieres, als sei es jenes Gesetz selber, das da schreit, als sei es die Sprache jener Natur, von der so mancher Dichter verwunderlicherweise behauptet, sie sei liebevoll, erbarmungsreich und göttlich! Göttlich mag sie sein, was ihre Unerforschlichkeit betrifft, erbarmungsreich ist sie sicherlich nicht und liebevoll noch viel weniger, denn die Wesen können nur bestehen, wenn eins das andere frisst! Schön mag sie in den Augen eines Dichters sein, der in ihr nichts anderes sieht als Liebesleben, Hoffnung, reizvolle Erinnerungen und freudiges Streben, aber, was ändert das an der Tatsache, dass das Leben eine ununterbrochene Kette scheußlicher Morde ist? Was ändert es an der Tatsache, dass die zärtlichste Hingabe, die edelste Begeisterung, der reinste Idealismus nur bestehen können, wenn die Geschöpfe Fleisch fressen und Blut trinken? Leben, um sich selbst zu erhalten, muss Leben verzehren. Du magst dir vorstellen, du seist göttlich, was hilft es, du musst jenem finsteren Gesetz dennoch gehorchen! Gut, sei Vegetarier! Trotzdem musst du Wesen verzehren, die von Gefühlen und Wünschen beseelt sind, ähnlich dir selbst. Sterilisierst du deine Nahrung, so hört im selben Augenblick jede Verdauung auf: Nicht einmal einen Schluck Wasser kannst du trinken, ohne Lebewesen zu verschlingen. Beschönigen wir es nur nicht, wir sind und bleiben Kannibalen, alle Wesenheit ist eins, und ob wir einen Fisch essen, eine Pflanze, ein Reptil, einen Vogel, ein Säugetier oder Menschenfleisch, im Grunde ist es dasselbe. Das Ende alles Lebens ist das gleiche. Jedes Geschöpf, ob es nun begraben oder verbrannt wird, gefressen wird es in jedem Fall. Und nicht etwa einmal, zweimal oderdreimal! Nein, hundertmal, tausendmal, myriadenmal! Blick auf den Boden, auf dem du wandelst, auf den Staub, aus dem du gemacht bist, denk an die verschwundenen Billionen, die sich aus ihm erhoben haben und wieder in ihn zurückgesunken sind, um jenen Wesen zum Futter zu werden, die heute unsere Nahrung bilden! Beständig, unablässig essen wir den Staub unserer eigenen Rasse: die Leiber, die wir einst in grauer Vorzeit getragen!

Aber auch die sogenannte unbeseelte Materie zehrt von sich selbst. Substanz dient sich selber als Beute. So, wie im Wassertropfen eine Monade die andere frisst, so auch vertilgen die Sphären im Weltraum einander. Sterne gebären Welten und vertilgen sie wieder. Planeten fressen ihre eigenen Monde auf. Eine Raserei, die nur endet, um von neuem zu beginnen. Wer da noch an das Märchen von der Göttlichkeit des Universums glauben kann, dem wird vielleicht die polynesische Legende, dass die Leichen der Menschen von den Göttern gegessen werden, auch noch versöhnlich klingen.

Feindselig und teuflisch muss uns dieses Gesetz erscheinen, haben wir uns doch in Ideen und Gefühle eingelebt, die in offenkundigem Gegensatz zu jener dämonischen Natur stehen, etwa so, wie das blinde Gesetz der Schwerkraft der Feind gewisser Körperbewegungen ist. Dass wir solche Ideen und Gefühle uns zu Eigen gemacht haben, verschlimmert nur die Grässlichkeit unserer Lage hier auf Erden, ohne im Geringsten die Finsternis der Zukunft tröstlich aufzuhellen.

Immerhin geht das Glaubensbekenntnis des Fernen Ostens diesem Problem schärfer zu Leibe als das des Westens. Dem Buddhisten erscheint der Kosmos durchaus nicht als etwas Göttliches, im Gegenteil. „Karma" ist ihm der Kosmos, eine Schöpfung aus Gedanken und Taten, die dem Irrtum entsprangen. Nicht die Vorsehung steht hinter dieser Schöpfung, eine Fratze voll Entsetzlichkeit ist sie vielmehr, ein grauenhafter Nachtmahr. In ähnlichem Sinne ist diese Schöpfung aber auch eine ungeheure Täuschung. Wirklich erscheint sie nur aus demselben Grunde, aus dem die Formen und Leiden, die ein Traum erweckt, dem Träumer als wirklich erscheinen. Unser Leben auf Erden ist nichts als eine besondere Art geheimnisvollen Schlafes. Aber wir schlafen nicht vollständig. Es leuchten da gewisse Funken in die Finsternis unseres Zustandes hinein wie Vorboten eines kommenden Morgenrots: Liebe, Erbarmen, Sympathie und Großherzigkeit. Diese vier Gefühle der Unendlichkeit sind es, denen wir die Namen beilegen dürfen: Selbstlosigkeit, Treue, Göttlichkeit und Ewigkeit. In ihrer reinen Glut werden dereinst alle Formen und Trugbilder vergehen wie Nebelschwaden im Lichte der Sonne. Erwachen jedoch diese Gefühle nicht in uns, so bleiben wir Träumer im Reiche der Finsternis und der Qual und werden gefoltert von schattenhaftem Entsetzen. Wir alle träumen in diesem Sinne, keiner ist völlig wach. So mancher, der hier auf Erden als Weiser gilt, weiß weniger noch von der Wahrheit als vielleicht meine Hündin, die da draußen heult in der Nacht!

Könnte sie sprechen, meine Hündin, ich glaube, sie würde Fragen stellen, die kein Philosoph der Welt zu beantworten fähig wäre. Ich vermute, sie leidet tief unter der Qual des Daseins. Natürlich glaube ich nicht, dass das große Rätsel sich ihr so darstellt, wie es uns entgegenstarrt. Auch ist sie sicherlich nicht imstande, abstrakte Schlüsse zu ziehen, wie es uns der Verstand ermöglicht. Die äußere Welt ist für sie wahrscheinlieh „eine Kette von Gerüchen". Sie denkt, vergleicht, urteilt und überlegt durch Riechen. Nach Gerüchen schließt sie auf den Charakter jedes einzelnen Wesens. Gerüche bestimmen ihre Handlungsweise. Tausend Gerüche kann sie unterscheiden, die wir überhaupt nicht wahrnehmen, sie erfasst und trennt sie auf eine Art, von der wir uns nicht mal eine Vorstellung machen können. Alles, was sie weiß, das hat sie gelernt durch ein geistiges Verfahren, das uns verschlossen ist. Aber mit ziemlicher Sicherheit dürfen wir wohl annehmen, dass die Haupterfahrung, die der Geruchssinn ihr hinsichtlich der meisten Dinge auf Erden vermittelt, sich in die beiden Sätze teilt: Dieses da kann ich fressen, jenes dort bedroht mich mit der Gefahr, selber gefressen zu werden. Ohne Zweifel weiß sie eine ganze Menge mehr als wir von dieser Erde, auf der wir umherwandern, und besitzt Kenntnisse, die uns sehr nützlich wären, wenn wir sie besäßen, und könnte sie reden, ich glaube, wir erführen da sehr seltsame Dinge über mancherlei, was in der Luft und im Wasser vor sich geht. Begnadet oder belastet, wie man es nennen will, mit solch ungeheurer Sinnesschärfe muss sie zuweilen Eindrücke empfangen, die schlimmer sind als die Vorahnung des eigenen Begräbnisses für den Menschen. Was Wunder, dass sie dann heult, wenn der Mond auf diese grauenvolle Erde herniederscheint!

Dennoch ist sie im buddhistischen Sinne wacher als so mancher unseres Geschlechtes. Sie besitzt eine Art primitiven Moralkodex, in dem geschrieben steht von Pflichttreue, von Fügsamkeit, von Güte, Dankbarkeit und Mutterliebe und überdies noch von allerlei kleineren Regeln, sich zu betragen, und gewissenhaft erfüllt sie das alles. Von dem Priester wird der Zustand, in dem sich ihre Seele befindet, als eine Art Dunkelheit bezeichnet, weil sie nicht lernen kann, was der Mensch zu meistern vermag. Was aber das Licht des Geistes in ihr betrifft, so hat sie hier genug vollbracht, um auf bessere Lebensbedingungen in einer späteren Verkörperung auf Erden hoffen zu dürfen. So wenigstens meint das Volk im Dorf. Wenn sie stirbt, wird man ihr ein schlichtes Begräbnis zuteilwerden lassen und zu Nutz und Frommen ihres unsterblichen Teiles ein Sutra hersagen. Der Priester wird gestatten, dass man ihr irgendwo im Tempelgarten ein Grab schaufelt und darüber eine kleine „Sotoba" anbringt mit der Inschrift: Nyo-zé chikushō hotsu Bodai-shin[31]: Auch in einem Tiere wie diesem wird dereinst das höchste Wissen der Buddhaschaft offenbar werden.

[31] Wörtlich: „Der Bodhi-Verstand", sozusagen die höchste Erleuchtung, die Intelligenz des Buddhaseins selbst.

Ingwa-Banashi[32]

Des Daimyōs Weib lag im Sterben. Sie wusste, dass es mit ihr zu Ende ging. Seit Frühherbst des zehnten Bunsei hatte sie das Krankenbett nicht mehr verlassen. Es war der vierte Monat im zwölften Bunsei, was dem Jahre 1829 westlicher Zeitrechnung gleichkommt, und die Kirschbäume standen in voller Blüte. Das Weib des Daimyōs dachte an die Kirschbäume in ihrem Garten und an den herrlichen Frühling draußen. Sie dachte an ihre Kinder. Sie dachte an ihres Gatten zahlreiche Nebenfrauen und vor allem an die neunzehnjährige Yukiko.

„Mein geliebtes Weib", sagte der Daimyō, „du hast viel, viel gelitten in diesen drei langen Jahren. Wir haben alles getan, was in unseren Kräften stand, haben bei dir gewacht Tag und Nacht, haben für dich gebetet und oft und oft gefastet um deinetwillen. Aber trotz unserer Liebe und Sorgfalt und der Bemühungen unserer besten Ärzte will es jetzt scheinen, als ob es mit deinem Leben zu Ende ginge. Wahrscheinlich ist unser Leid größer als das deinige, dass du die Stätte verlassen wirst, von der der Buddha sagte: ‚Die Welt, sie ist ein brennendes Haus'. Ich werde anordnen, gleichgültig, was es auch kosten möge, dass die Priester alle religiösen Riten vollziehen sollen, die dir von Nutzen sein können für dein nächstes Dasein auf Erden. Wir alle werden ohne Unterlass für dich beten, dass du nicht mögest wandern müssen in den lichtlosen Abgrund des Totenreiches, sondern sogleich nach dem Hinscheiden ins Paradies gelangst und die Buddhaschaft erringst."

---

[32] Wörtlich: „Die Geschichte von Ingwa". Der Begriff „Ingwa" steht im japanischen Buddhismus für schlechtes Karma, das heißt für die bösen Folgen, die sich durch Fehlverhalten in früheren Existenzen ergeben. Vielleicht kann der seltsame Titel der Erzählung am besten durch die buddhistische Lehre erklärt werden, dass Tote die Macht haben, Menschen aufgrund böser Taten in deren früheren Leben zu verletzen. Den Titel der Erzählung und die ganze Geschichte kann man in der Sammlung Hyaku-Monogatari finden.

Der Daimyō hatte voll Liebe zu seinem Weibe gesprochen und sie dabei zärtlich gestreichelt. Die Augen geschlossen, antwortete sie ihm mit einer Stimme, so fein und leise wie das Schwirren zarter Insektenflügel:

„Ich danke dir, danke dir aus vollem Herzen für deine lieben Worte... Ja, es ist wahr, was du sagtest: Ich bin krank gewesen drei lange Jahre, und ihr habt mich gepflegt mit Sorgfalt und treuester Hingabe. Warum sollte ich jetzt straucheln auf dem einzigen wahren Pfad, jetzt im Angesicht des Todes? Vielleicht ist es nicht recht, in dieser Stunde an irdische Dinge zu denken, aber... ich habe eine Bitte auf dem Herzen. Nur eine einzige! Ruf mir Yukiko. Du weißt, ich liebe sie wie eine Schwester. Ich will mit ihr über Dinge sprechen, die den Haushalt betreffen."

Yukiko kam auf den Befehl des Daimyōs herbei und kniete auf seinen Wink neben dem Bette nieder. Die Sterbende schlug die Augen auf, blickte Yukiko an und sagte:

„Du bist hier, Yukiko? Ich bin so froh, dass ich dich noch einmal sehen kann, Yukiko! Komm näher zu mir, damit du mich hören kannst, ich bin nicht imstande, laut zu sprechen... Yukiko! Ich muss sterben. Ich hoffe, du wirst in allen Dingen unserem lieben Gatten treu ergeben sein, denn ich will, dass du meine Stelle einnimmst, wenn ich nicht mehr bin... Ich hoffe, er wird dich immer lieben, hundertmal mehr noch, als er mich geliebt hat, und dass er dich bald, bald in einen höheren Rang erheben wird, und dich zu seiner wirklichen Gattin machen. Und ich bitte dich, umgebe ihn mit deiner ganzen Liebe. Lass es nicht geschehen, dass eine andere dir sein Herz stiehlt... Das ist es, was ich dir sagen wollte, meine geliebte Yukiko... Hast du alle meine Worte verstanden?"

„O du meine liebe Herrin", wehrte Yukiko ab, „ich bitte dich, sprich nicht so seltsam zu mir! Du weißt wie Ich: Ich bin arm und stehe tief im Range. Wie könnte es sein, dass ich jemals meine Augen zu ihm erheben dürfte in der Hoffnung, seine Gattin zu werden!"

„Nein, nein!" widersprach die Sterbende, „es ist jetzt keine Zeit, Worte äußerlicher Höflichkeit zu tauschen, wir müssen zueinander wahrhaftig sein. Du wirst nach meinem Tode sicherlich meine Stelle einnehmen. Und ich versichere dir: Ich wünsche, dass du sein Weib wirst. Ja, das wünsche ich, Yukiko. Wünsche es fast heißer noch, als die Buddhaschaft zu erringen… Ach, Yukiko, beinahe hätte ich vergessen: Ich habe noch eine Bitte! Du weißt, im Garten steht ein Yae-Zakura, ein Kirschbaum mit doppelten gefüllten Blüten, den sie hergebracht haben vom Berge Yoshino in Yamato im vergangenen Jahre. Er steht jetzt in voller Blüte. So gerne möchte ich noch einmal seine Pracht sehen. In einer kleinen Weile werde ich nicht mehr sein. Ich muss ihn noch einmal sehen, ehe ich sterbe. Ich möchte, dass du mich in den Garten trägst… Jetzt, jetzt, Yukiko, damit ihn meine Augen sehen. Ja, auf deinen Schultern, Yukiko, nimm mich auf deine Schultern…"

Immer klarer und lauter war die Stimme der Sterbenden geworden, als habe die Sehnsucht ihr neue Kräfte gegeben. Dann brach sie plötzlich in heftiges Weinen aus. Regungslos blieb Yukiko auf den Knieen, unschlüssig, ob sie gehorchen solle, bis der Daimyō durch Neigen des Kopfes seine Einwilligung gab.

„Es ist ihr letzter Wunsch hier auf Erden", sagte er. „Sie hat immer die Kirschblüten über alles geliebt, und ich weiß, sie sehnte sich danach, den Yamatobaum noch blühen zu sehen. Erfülle ihre Bitte, liebe Yukiko."

Wie eine Amme ein Kind auf den Rücken nimmt, dass es sich an ihr halte, so bot jetzt Yukiko der Sterbenden ihre Schultern und sagte:

„Herrin, ich bin bereit; bitte, sag mir, wie ich dir am besten helfen kann."

„Ja. So. So ist's gut", flüsterte die Sterbende und richtete sich mit fast übermenschlicher Anstrengung auf, um sich an Yukikos Schultern anzuklammern. Dann, als sie aufrecht stand, ließ sie rasch ihre Hände über Yukikos Achseln hinweg gleiten in das Busenkleid hinein, fasste die beiden Brüste des Mädchens und brach in ein scheußliches, grauenhaftes Lachen aus.

„Jetzt ist mein Wunsch erfüllt!" kreischte sie. „Mein Wunsch nach den doppelten Kirschblüten[33], wenn sie auch nicht auf dem Baum im Gar-

[33] In der japanischen Lyrik und in Sprichwörtern wird die körperliche Schönheit von Frauen mit Kirschblüten verglichen, während hohe sittliche Werte durch die Pflaumenblüte symbolisiert werden.

ten wachsen! Ich hätte nicht sterben können, wär' mir dieser Wunsch nicht in Erfüllung gegangen. Jetzt hab' ich alles. Oh, welche Wonne!"

Bei diesen Worten fiel sie schwer gegen das zusammenbrechende Mädchen und war tot.

Sofort sprang alles zu, die Leiche von Yukikos Schultern zu lösen und sie auf das Bett zu legen, aber, seltsam, so leicht es scheinen sollte, es war unmöglich. Die erstarrten Hände hatten sich auf unerklärliche Weise in die Brüste des Mädchens festgekrallt, waren wie verwachsen mit dem frischen, lebenden Fleisch. Yukiko verlor das Bewusstsein vor Schmerz und Entsetzen.

Man holte Ärzte. Sie konnten den Vorgang nicht erklären. Es gab kein Mittel, die Hände der Toten von dem Körper ihres Opfers zu lösen. Zog man fest an ihnen, so trat Blut aus den Brüsten. Doch nicht, weil die Finger verkrampft gewesen wären! Nein, die Handflächen waren auf unbegreifliche Weise mit dem Fleische der Brüste verbunden und verwachsen.

In damaliger Zeit lebte in Yedo ein Fremder, ein holländischer Chirurg. Man ließ ihn holen, und nach langer, genauer Untersuchung sagte er, der Fall sei nicht zu erklären und die einzige Rettung für Yukiko bestünde darin, unverzüglich die Hände der Leiche abzuschneiden. Der Daimyō willigte ein, und die Hände wurden amputiert. Bald darauf wurden sie schwarz und trockneten ein, wie die Hände eines Menschen, der lange im Grabe gelegen hat.

Doch damit sollten die Schrecken nicht zu Ende sein…

Wenn auch blutlos und mumienhaft, waren die Hände dennoch nicht tot. Zu gewissen Zeiten begannen sie sich zu regen, heimlich, verstohlen, wie große graue Spinnen. Und nachts darauf, immer wenn die Stunde des Ochsen[34] kam, da krampften sich die Finger zusammen,

[34] Früher war in Japan die Stunde des Ochsen die Zeit der Geister. Sie begann um 2 Uhr nachts und endete um 4 Uhr, da die alte japanische Stunde der doppelten Länge einer heutigen Stunde entsprach. Um 4 Uhr nachts begann die Stunde des Tigers.

quetschten die Brüste und folterten Yukiko. Erst um die Stunde des Tigers ließ die Pein nach.

Yukiko hat sich das Haar abgeschnitten und ist eine buddhistische Nonne geworden. Ihr Ordensname war Dassetsu. Sie hat ein Ihai, das ist eine Totentafel, die das Kaimyō ihrer verstorbenen Herrin aufwies: „Myō-Kō-In-Den Chizan-Ryō-Fu Daishi", selbst angefertigt und trug es bei sich bei allen ihren Wanderungen. Vor ihm bat sie jeden Tag die Tote demütig um Verzeihung und hielt die buddhistischen Riten ab, auf dass der eifersüchtige Geist Ruhe finden möge. Aber das böse Karma, das die wahre Ursache alles dieses Leidens war, beanspruchte lange Zeit, bis es sich erschöpfte. Jede Nacht um die Stunde des Ochsen quälten die Hände Yukiko länger als siebzehn Jahre hindurch, so berichteten die Leute, denen Yukiko ihre Geschichte zuletzt eines Abends im Hause des Noguchi-Dengo-Zayémon im Dorfe Tanaka im Distrikte Kawachi, in der Provinz Shimotsuké erzählte, wo sie einmal übernachtete. Das war im dritten Jahr Kōkwa (1846). Seitdem hat man von Yukiko nichts mehr gehört.

Der Tengu[35]

In den Tagen des Kaisers Go-Reizei lebte ein frommer Priester im Tempel zu Saito auf dem Berge, den sie Hiyei-Zan nennen, in der Nähe von Kyōto. Eines Sommermorgens kehrte dieser Priester nach einem kurzen Aufenthalte in der Stadt zum Tempel zurück und schlug den Weg über Kita-no-Oji ein, da sah er, dass ein paar Knaben sich damit vergnügten, eine Gabelweihe, die sie mit Schlingen gefangen hatten, zu misshandeln, indem sie sie mit Ruten schlugen.

„Oh, das arme Geschöpf!" rief, von Mitleid ergriffen, der Priester, „warum quält ihr denn den unglücklichen Vogel so, Kinder?"

„Wir wollen ihn töten, weil wir seine Federn haben möchten", antwortete einer der Knaben.

Mit warmen Worten der Barmherzigkeit überredete der Priester die Kinder, ihm die Gabelweihe im Tausche gegen einen Fächer, den er bei sich trug, zu überlassen, und gab dem Vogel seine Freiheit wieder. Das Tier war nur leicht verletzt und konnte ohne Mühe davonfliegen.

Glücklich, eine Tat im Sinne der buddhistischen Lehre vom Mitleid mit allen lebenden Geschöpfen vollbracht zu haben, setzte der Priester seinen Weg fort. Er war noch nicht weit gegangen, da sah er einen fremdartig gekleideten Mönch aus einem Bambusgehölz eiligen Schrittes auf sich zukommen. Der Mönch grüßte ihn ehrerbietig und sagte:

---

[35] Diese Erzählung findet man in dem seltsamen alten japanischen Buch mit dem Titel Jikkun-Shō. Die gleiche Legende lieferte das Thema für ein interessantes Nō-Stück, genannt Dai-e („Das große Bild"). In Japans volkstümlicher Kunst wird der Tengu üblicherweise entweder als geflügelter Mann mit schnabelförmiger Nase oder als Greifvogel dargestellt. Es gibt verschiedene Tengu-Arten, aber alle spuken in den Bergen, können vielerlei Gestalt annehmen, zum Beispiel die Gestalt von Krähen, Geiern oder Adlern. Der Buddhismus scheint den Tengu als Mārakāyika zu klassifizieren.

„Herr, durch Ihr mitleidiges Verfahren haben Sie mir das Leben gerettet. Mein heißester Wunsch ist, Ihnen meine Dankbarkeit zu beweisen!“

Erstaunt entgegnete der Priester: „Wahrhaftig, ich kann mich nicht entsinnen, Sie jemals früher gesehen zu haben. Möchten Sie die Güte haben, mir mitzuteilen, wer Sie sind?“

„Es ist freilich kein Wunder, dass Sie mich in dieser Gestalt nicht wiedererkennen“, antwortete der Mönch. „Ich bin die Gabelweihe, die jene Knaben in der Nähe von Kita-no-Oji gequält haben. Und was könnte es Wertvolleres geben als das Leben! Daher möchte ich mich Ihnen auf irgendeine Weise erkenntlich zeigen. Wenn es etwas gibt, das Sie gerne besäßen, wüssten oder zu sehen wünschen - kurz, irgendetwas, was ich für Sie tun könnte, so bitte, sagen Sie es mir. Ich habe das Glück, die Sechs übernatürlichen Kräfte der Magie, wenn auch in unvollkommenem Maße, zu beherrschen, und bin daher in der Lage, Ihnen fast jeden Wunsch, den Sie äußern, erfüllen zu können.“

Als der Priester diese Rede vernahm, wusste er sofort, dass er mit einem Tengu zu tun hatte, und erwiderte freimütig: „Mein Freund, ich habe seit langem auf die Dinge dieser Welt verzichtet. Weder Ruhm noch Vergnügen hat irgendwelche Anziehungskraft für mich. Nur mein ferneres Schicksal, insoweit es meine zukünftige Wiederverkörperung betrifft, liegt mir am Herzen. Doch das ist eine Angelegenheit, in der mir niemand helfen kann. Deshalb ist es überflüssig, darüber auch nur ein Wort zu verlieren. Nun wüsste ich ein Ding, das mir wünschenswert erscheint: Ich habe mich mein ganzes Leben lang gegrämt, dass es mir nicht vergönnt war, in Indien auf Erden zu wallen, als Buddha, der Herr, unter den Menschen weilte, und dass ich nicht mit unter der großen Versammlung war, als er auf dem heiligen Berge Gridhara Kuta predigte. Ach, mein Freund, wäre es doch möglich, über Zeit und Raum zu stehen wie die Bodhisattvas, um einen Blick tun zu können auf jene wunderbare Versammlung! Wie glücklich wäre ich!“

„Nun, diesen frommen Wunsch“, rief der Tengu, „kann ich Ihnen leicht erfüllen. Ich erinnere mich genau der Versammlung auf dem Geierberge und kann bewirken, dass alles vor Ihren Augen neu ersteht, was sich damals begeben hat, und zwar mit sämtlichen Einzelheiten. Es ist unsere größte Freude, solche heilige Dinge wieder aufleben lassen zu dürfen. Kommen Sie, folgen Sie mir hier auf diesem Wege."

Der Priester ließ sich bereitwillig zu einem Platze führen, der, von Pinien umsäumt, am Abhang eines Hügels lag. „Sie müssen nun", sagte der Tengu, „hier eine Weile warten und dabei die Augen geschlossen halten. Öffnen Sie sie erst, wenn Sie die Stimme des Buddha hören, wie er das große Gesetz vorträgt. Dann können Sie um sich blicken. Wenn Sie aber die Erscheinung des Buddha schauen, dann dürfen Sie sich unter keinen Umständen von Gefühlen überwältigen lassen. Sie dürfen sich weder verbeugen, noch dürfen Sie beten oder sich zu Ausrufen hinreißen lassen, wie: ‚So ist es, O Herr', oder: ‚O du Gesegneter'. Sie dürfen überhaupt kein Wort sprechen. Sobald Sie auch nur das geringste Zeichen der Ehrfurcht von sich geben, trifft mich ein Missgeschick."

Voll Freude versprach der Priester alles, und der Tengu entfernte sich eilig, um, wie es den Anschein hatte, seine Vorbereitungen zu treffen.

Der Tag verblasste, die Dämmerung senkte sich hernieder, die Nacht kam, und geduldig wartete der Priester, die Augen geschlossen, unter einem Baume. Endlich ertönte eine Stimme über ihm eine wundervolle Stimme, tief und klar wie das Dröhnen einer Glocke, die Stimme des Buddha Sākyamuni, und verkündete die Lehre vom Wege der Vollendung. Der Priester schlug die Augen auf und sah ringsum Strahlenglanz. Alle Dinge waren verändert: die Stelle, auf der er stand, in den Geierberg verwandelt, der in Indien Gridhwa Kūta heißt. Und die Gegenwart war zurückversetzt in die Zeit des Sutra der Lotos des Guten Gesetzes. Die Pinien waren verschwunden, statt ihrer standen seltsam aussehende Bäume umher, aus den „Sieben kostbaren Stoffen" gebildet, mit Blättern und Früchten aus Edelsteinen. Der Boden war bedeckt mit vom Himmel gefallenen Mandārawa- und Manjūschaka-Blumen und die Nacht erfüllt mit Wohlgeruch, dem Glanze und der Süßigkeit der großen Stimme. Und hoch zum Himmel ragend, strahlend wie der Mond, der auf die Erde herabscheint, auf dem Löwenthrone saß der Erhabene, den Jünger Samantabhadra zu seiner Rechten und den Jünger Manjusri zu seiner Linken. Und vor ihm versammelt, sich in zahllosen Reihen bis in die tiefsten Fernen des

Weltraums verlierend, einer Flut von Sternen gleich: die Heerscharen der Mahāsattvas und Bodhisattvas mit ihrem endlosen Gefolge von Göttern, Dämonen, Nāgas, Kobolden, Menschen und den Wesen, die nichts Menschliches mehr an sich haben. Den Jünger Sāriputra sah der Priester, den Jünger Kāsyapa und den Ananda samt allen Schülern des Tathāgata, dann die Könige der Halbgötter, die Könige der vier Himmelsrichtungen, die wie Säulen aus Feuer waren, dann die großen Drachenkönige, die Ghandarven und Garudas, die Gottheiten der Sonne, des Mondes und des Windes und die schimmernden Myriaden aus Brahmas Himmel. Und unfassbar viel weiter noch als dieser Kreis der Glorie enthüllten sich dem Schauen des Priesters, sichtbar gemacht durcheinen einzigen Lichtstrahl, der aus der Stirne des Erhabenen hervorbrach und die Grenzen der Urzeit erhellte,die achtzehnhunderttausend Buddhagefilde des östlichen Horizonts mit all ihren Bewohnern und den Wesen, die sich auf den „Sechs Stufen des Daseins" befinden, und sogar die einstigen Gestalten der erloschenen Buddhas, die hinübergegangen sind ins Reich des Nirvana. Diese und alle Götter und alle Dämonen sah der Priester sich verneigen vor dem Löwenthrone, und er hörte wie Meeresbrandung die Scharen lobpreisen das Sutra der Lotos vom Guten Gesetz. Da vergaß er, vom Wahne erfasst, er stünde leibhaftig vor dem Buddha, was er dem Tengu gelobt hatte, warf sich in Anbetung nieder, Tränen der Liebe und Dankbarkeit in den Augen, und rief mit lauter Stimme: „Oh, du, der du gesegnet seist."

Wie von einem Erdbeben erfasst, zerbarst die Vision, und der Priester sah sich wieder allein in der Finsternis, auf dem Grasboden des Hügelabhanges kniend. Eine unsägliche Traurigkeit ob des Verlustes und wegen seiner Gedankenlosigkeit, die ihn veranlasst hatte, dem Tengu das gegebene Versprechen zu brechen, befiel den Priester. Als er, tief in Sorgen, wieder heimwärts wanderte, erschien ihm noch einmal der gespenstische Mönch und sprach zu ihm, voll des Vorwurfs und des Schmerzes:

„Da du dein Versprechen nicht gehalten hast und dich von Gefühlen überwältigen hast lassen, hat sich der Gohōtendo, der Hüter der Lehre, vom Himmel auf uns herabgestürzt und hat uns mit Furcht erfüllt, indem er uns anschrie: ‚Wie könnt ihr euch vermessen, auf solche Weise einen frommen Mann in Täuschung zu verstricken!' Da sind die anderen Mönche, die ich versammelt hatte, in Angst geflohen, mir aber ist eine meiner Schwingen zerbrochen, so dass ich jetzt nicht mehr fliegen kann."

Mit diesen Worten verschwand der Tengu für immer.

Die Geschichte von Hamaguchi Gohei

Seit unvordenklichen Zeiten wurden die Küsten Japans in unregelmäßigen oft Jahrhunderte dauernden Zwischenräumen von ungeheuren Überschwemmungen heimgesucht, Überschwemmungen, hervorgerufen durch Erdbeben oder submarine vulkanische Ausbrüche. Diese furchtbaren plötzlichen Meereruptionen werden von den Japanern Tsunami genannt. Die letzte fand am Abend des 17. Juli 1896 statt, wo eine beinahe zweihundert Meilen lange Flutwelle die nordöstlichen Provinzen Miyagi, Iwate und Aomori überschwemmte, zahlreiche Städte und Dörfer zerstörte, ganze Distrikte verwüstete und dreißigtausend Menschenleben vernichtete. Die Geschichte von Hamaguchi Gohei ist die Geschichte einer solchen Katastrophe, die sich lange vor der Meijiperiode in einem anderen Teil der japanischen Küste ereignete.

Hamaguchi war zur Zeit dieses Schreckensereignisses, das ihn berühmt machte, schon ein alter Mann. In seiner Dorfgemeinde gehörte er zu den einflussreichsten Personen. Jahrelang war er dort Muraosa oder Schultheiß gewesen und hatte sich allgemeiner Beliebtheit und Wertschätzung erfreut. Das Volk rief ihn gewöhnlich Ojiisan, was Großvater bedeutet, aber da er das reichste Gemeindemitglied war, wurde er offiziell Chōja genannt. Er pflegte den kleinen Landleuten in ihren Angelegenheiten mit Rat und Tat beizustehen, schlichtete ihre Streitigkeiten, streckte ihnen, wenn es nötig war, Geld vor und bemühte sich beim Verkauf ihres Reises die besten Preise für sie zu erzielen.

Hamaguchis großes binsengedecktes Landhaus stand am Rande eines kleinen Plateaus mit dem Ausblick auf eine Bucht. Dieses zumeist der Reiskultur gewidmete Plateau war auf drei Seiten von dicht bewaldeten Anhöhen eingeschlossen. Von seinem äußersten Rand senkte sich das Terrain in einer großen grünen, gleichsam wie herausgeschaufelten Höhlung zur Wasserkante herab. Dieser ganze, mehr als dreiviertel Meilen lange Abhang war terrassenförmig so abgestuft, dass er, vom offenen Meere gesehen, wie eine ungeheure grüne Treppenflucht aussah, in der Mitte von einer schmalen weißen Zickzacklinie durchschnitten, einem Bergpfad. Ein Shintōtempel und neunzig strohbedeckte Hütten, die das eigentliche Dorf bildeten, schmiegten sich der Buchtkurve an, und andere Häuschen kletterten in kleinen Abständen zu beiden Seiten des schmalen Steigs empor, der zu des Chōja Haus führte.

An einem Herbstabend blickte Hamaguchi Gohei von dem Altan seines Hauses in das Dorf auf die Vorbereifungen zu einer Lustbarkeit herunter. Der Reis war sehr gut geraten, und die Bauern gingen eben daran, die ergiebige Ernte mit einem Tanz in dem Hofe des Ujigami[36] zu feiern. Von den Dächern der Dorfstraße sah der alte Mann die Festbanner (Nobori) flattern, sah die Reihen der farbigen, zwischen Bambuspfählen aufgehängten Papierlampions, das geschmückte Heiligtum und das bunte Wogen des geputzten jungen Volkes. An diesem Abend hatte er niemand bei sich als seinen, kleinen. Enkel, einen zehnjährigen Knaben, denn die übrigen Familienmitglieder hatten sich schon frühzeitig in das Dorf hinabbegeben. Er hätte sich Ihnen gerne angeschlossen, wenn er sich nicht gerade heute besonders matt gefühlt hätte. Der Tag war sehr drückend gewesen. Trotzdem sich eine leichte Meeresbrise erhob, lag eine lastende Schwüle in der Luft, die nach der Erfahrung des japanischen Bauers zu gewissen Jahreszeiten der Vorbote eines Erdbebens zu sein pflegt, und wirklich trat auch ein Erschütterung ein. Sie war jedoch nicht stark genug, um irgendjemand sonst zu beunruhigen. Hamaguchi aber, der während seines langen Lebens Hunderte solcher Erschütterungen mitgemacht hatte, schien diese doch anders als die früheren zu sein. Es war ein langsamer andauernder gleichsam ziehender Stoß, offenbar das Nachzittern irgendeiner ungeheuren Erderschütterung in weiter Ferne. Das Haus krachte und schwankte mehrmals leise, dann wurde alles wieder still.

Als das Beben aufhörte, waren Hamaguchis scharfe alte Augen angstvoll auf das Dorf gerichtet. Es geschient oft, dass, wenn man einen gewissen Punkt oder Gegenstand anhaltend betrachtet, die Aufmerksamkeit plötzlich durch etwas, was man gar nicht sieht, abgelenkt wird, durch ein unbestimmtes Gefühl von etwas Fremdem in

[36] Shintō-Gemeindetempel

jenem verschwommenen äußeren Kreis unbewussten Sehens, der außerhalb des Gebietes dessen liegt, was wir leibhaftig wahrnehmen können. So geschah es, dass Hamaguchi sich einer ungewöhnlichen Erscheinung auf offener See bewusst wurde. Er sprang auf und starrte auf die Meeresfläche. Sie hatte sich ganz plötzlich verfinstert und wogte seltsam, es war, als bewegte sie sich gegen den Wind, als stürzte sie vom Lande weg.

In wenigen Minuten hatten auch die Dorfbewohner das Phänomen bemerkt. Offenbar hatte niemand die vorangegangene Erschütterung beachtet, aber alle waren sichtlich bestürzt über die Bewegung des Wassers. Alles lief zum Strande und noch darüber hinaus, um sie zu beobachten. Kein Lebender wusste sich an eine solche Ebbe an dieser Küste zu erinnern. Vorher nie gesehene Dinge erschienen auf der Bildfläche, unbekannte Strecken zerwühlter Sandfelder, und nackte, algenbedeckte Felsen boten sich den Blicken Hamaguchis dar. Und keiner der Leute unten schien zu ahnen, was diese ungeheure Ebbe zu bedeuten habe.

Hamaguchi Gohei selbst hatte nie vorher etwas Ähnliches gesehen. Aber er erinnerte sich aus seiner Kindheit an Erzählungen, die er von seinem Großvater gehört hatte, auch kannte er alle Überlieferungen dieser Küste, und so war er sich darüber klar, was mit dem Meere vorging. Vielleicht überschlug er in Gedanken, wieviel Zeit man brauchen würde, eine Botschaft in das Dorf hinunterzuschicken oder die Priester des buddhistischen Tempels auf dem Hügel zum Läuten der großen Glocke zu veranlassen. Sicherlich würde es aber länger dauern, zu erzählen, was er möglicherweise dachte, als er brauchte, seinen Entschluss zu fassen. Er rief einfach sein Enkelkind herbei und sagte ihm:

„Tada! - schnell, - schnell… zünde eine Fackel an!“

Taimatsu oder Fichtenfackeln werden in vielen Häusern an der Küste für stürmische Nächte und auch für gewisse Shintōfeiertage bereitgehalten. Im Nu entzündete das Kind eine Fackel, und der Alte eilte damit in die Felder hinaus, wo Hunderte von Reisgarben. die den größten Teil seines Vermögens bildeten, zum Transport bereitstanden. Er ging auf die den Abhang zunächst stehenden zu und begann sie mit der Fackel in Brand zu setzen, indem er, so schnell seine alten Beine ihn tragen konnten, von einem zum andern lief. Die von der Sonne getrockneten Halme flammten auf wie Zunder, und der zunehmende Seewind blies die Lohe landwärts. Im Nu stand Reihe um Reihe in hellen Flammen, von allen Seiten stiegen Rauchsäulen zum Himmel und mischten sich zu einem ungeheuren stickigen Qualm. Das verdutzte und erschreckte Kind lief hinter seinem Großvater her, indem es rief:

„Ojiisan! Warum? Ojiisan, warum? – warum?“

Aber Hamaguchi antwortete nicht, er nahm sich nicht Zeit zu Erklärungen, - er dachte nur an die vierhundert in Todesgefahr schwebenden Menschen unten. Einen Augenblick starrte das Kind in den flammenden Reis, dann in Tränen ausbrechend, lief es ins Haus, überzeugt, der Großvater sei wahnsinnig geworden. Hamaguchi fuhr fort, Garbe um Garbe anzuzünden, bis er die Grenze seines Feldes erreicht hatte, dann warf er die Fackel weg und wartete. Der Akolyth des Tempels auf dem Hügel, der nun den lodernden Feuerschein gewahrte, setzte die große Glocke in Bewegung, und das Volk gehorchte dem zwiefachen Ruf. Hamaguchi sah, wie sie vom Sande über den Strand und durch das Dorf herbeiliefen und herauf krabbelten, wie eine Schar Ameisen, und für seine angstvollen Blicke kaum schneller, denn die Sekunden schienen ihm endlos lang. Die Sonne ging unter, und der steinige Grund der Bucht und eine große gelblich gesprenkelte Fläche dahinter lagen nackt in dem letzten goldroten Schein. Und noch immer floh das Meer dem Horizonte zu. Aber in Wirklichkeit hatte Hamaguchi nicht lange zu warten, denn schon war der erste Trupp der Hilfsbereiten zur Stelle, eine Anzahl junger behender Bauernburschen, die sich sogleich an die Löschung des Feuers machen wollten. Aber der Chōja breitete seine Arme aus und verstellte ihnen den Weg.

„Lasst es brennen, Kinder!“ befahl er. „Ich muss die ganze Mura hier versammelt sehen. Wir sind von einer großen Gefahr bedroht, – taihen da.“

Das ganze Dorf eilte heran, und Hamaguchi zählte die Kommenden. Die jungen Männer und Knaben waren zuerst zur Stelle, und nicht wenige der kräftigen Frauen und Mädchen. Dann kamen die älteren Leute, Mütter mit ihren Säuglingen auf dem Rücken, ja selbst Kinder, denn Kinder konnten beim Wasserreichen helfen. Aber auch die Greise, die zu schwach waren, um mit den ersten Vorwärtsstürmenden Schritt zu halten, konnte man schon den steilen Weg emporklimmen sehen. In bekümmertem Staunen blickte die wachsende, noch immer ahnungslose Menge bald auf die flammenden Felder, bald auf das unbewegte Antlitz ihres Chōja. Und die Sonne sank.

„Großvater ist wahnsinnig, ich fürchte mich vor ihm!“ schluchzte Tada als Antwort auf die zahllosen an ihn gestellten Fragen. „Er ist wahnsinnig, er hat den Reis absichtlich in Brand gesteckt, ich habe gesehen, wie er es tat.“

„Ja,“ rief Hamaguchi, „das Kind spricht wahr, ich habe den Reis in Brand gesetzt… Sind alle vom Dorf da?“

Die Kumi-chō und die Familienhäupter blickten in die Runde und den Hügel hinab und antworteten: „Alle sind hier, oder werden wenigstens gleich hier sein… Aber wir begreifen nicht…“

„Kita!“ rief der alte Mann, so laut er konnte, indem er auf das offene Meer wies, „sagt nun, ob ich wahnsinnig bin.“

Durch das Zwielicht blickte alles gen Osten, und sie sahen am Rande des dunkeln Horizontes eine lange dünne, nebelhafte Linie, wie eine schattenhafte Küste, wo nie reine Küste gewesen, eine Linie die unter ihren Blicken sich verdichtete, breiter wurde, wie ein Küstenstrich sich vor den Blicken erweitert, wenn man ihm näherkommt, nur unvergleichlich schneller. Denn diese langgestreckte dunkle Masse war das zurückkehrende Meer das sich wie eine Klippe emportürmte und weit schneller dahinschoss wie eine fliegende Gabelweihe.

„Tsunami!“ gellte und schrie es durcheinander. Aber gleich darauf wurde das Rufen und Schreien von einem namenlosen Dröhnen verschlungen. Die ungeheure Flutwelle prallte mit solcher Wucht an das Ufer dass alle Hügel erzitterten, und ergoss sich mit weiß schäumendem Gischt wie jäh zuckende Blitze.

Einen Augenblick lang war nichts zu sehen als hochaufwirbelnde Schaumwolken, die den Abhang hinaufrasten. Unwillkürlich stoben die Menschen in panischem Schrecken zurück. Als sie wieder aufblickten, sahen sie auf dem Platze, wo ihre Häuser gestanden hatten, nur ein rasendes, weißes Meer das brüllend zurückwich, große Stücke des Landes auf seinem Wege mit sich reißend. Zweimal, dreimal, fünfmal schossen die Fluten heran und ebbten wieder ab, aber jedes Mal mit geringerer Heftigkeit, dann kehrten sie in ihr altes Bett zurück und blieben dort, aber noch immer tosend wie nach einem Taifun.

Auf dem Plateau blieb alles schreckensstumm. Sprachlos starrten alle auf die Verwüstung unten, die Grausigkeit zerborstenen Felsgesteins, bloßgelegter zerspaltener Klippen, aus den Meerestiefen aufgewühlter Tang- und Erdmassen, die in wildem Chaos den Platz bedeckten, wo früher die Wohnstätten und der Tempel gestanden.

Das Dorf war nicht mehr. Der größte Teil der Felder war verschwunden, selbst die Terrassen hatten aufgehört zu sein, und von allen Häusern, die die Bucht rings umsäumt hatten, war nichts zu erkennen als zwei Strohdächer, die, von den Wogen hin und her geschleudert, auf dem Meere trieben. Der Nachschrecken der dem Tode Entronnenen und das Entsetzen des allgemeinen Verlustes machte alle starr und stumm. Endlich sagte Hamaguchi mit sanfter Stimme:

„Deshalb habe ich den Reis in Brand gesetzt."

Er, ihr Chōja, stand jetzt in ihrer Mitte, fast ebenso arm wie der Ärmste unter ihnen, denn sein Reichtum war dahin, aber durch seinen Opfermut hatte er vierhundert Leben gerettet. Der kleine Tada eilte auf ihn zu, haschte nach seiner Hand und bat ihn unter Tränen, ihm zu verzeihen. Da erst erwachten die Leute zum Bewusstsein, dass sie einzig der selbstlosen Fürsorge ihres Chōja ihr Leben dankten, und konnten sich vor Staunen und Bewunderung nicht fassen. Und die Gemeindeältesten warfen sich vor Hamaguchi in den Staub, und die Menge folgte ihrem Beispiel. Da flossen die Tränen des alten Mannes, teils aus Freude, teils aber auch, weil er alt und schwergeprüft und schwach war. Nachdem er sich wieder gefasst hatte, sagte er, indem er mechanisch Tadas braune Wange streichelte:

„Mein Haus ist mir ja geblieben, und es ist für viele Raum darin. Auch der Tempel auf dem Hügel steht noch und bietet andern Obdach."

Dann führte er sie in sein Haus, und das Volk huldigte ihm mit lauten Rufen.

Die Zeit der Not dauerte lange, denn dazumal gab es keine schnellen Verkehrsmittel zwischen einem Distrikt und dem andern, und die nötige Hilfe musste aus weiter Ferne herbeigeschafft werden. Als jedoch bessere Zeiten anbrachen, vergaß das Volk seine Dankesschuld gegen Hamaguchi Gohei nicht. Sie konnten ihn nicht reich machen, auch hätte er es, selbst wenn es möglich gewesen wäre, nicht zugelassen. Zudem hätten Geschenke nicht genügt um die Gefühle ihrer Verehrung für ihn auszudrücken, denn sie glaubten, dass der Geist in ihm göttlich sei. So erklärten sie ihn zu einem Gott und nannten ihn Hamaguchi Daimyōjin, da sie wussten, ihm keine größere Ehre erweisen zu können. Und wahrlich, in keinem Lande könnte größere Ehre einem Sterblichen zuteilwerden. Und als sie das Dorf wieder aufbauten, errichteten sie seinem Geist einen Tempel und schmückten ihn mit einer Gedenktafel, die seinen Namen in chinesischen Goldlettern trug. Dort huldigten sie ihm mit Gebeten und Opfergaben. Was er dabei empfand, weiß ich nicht zu sagen, ich weiß nur, dass er sein einfaches und schlichtes Leben im Kreise seiner Kinder, Enkel und Urenkel in dem altenbinsengedeckten Hause auf dem Hügel fortführte, während seine Seele in dem Heiligtum unten angebetet wurde. Hundert Jahre oder noch länger ist er nun tot, aber man sagt mir, sein Tempel stehe noch, und das Volk bete noch immer zu dem Geist des guten alten Chōja, ihm in Zeiten der Not beizustehen.

Ich bat einen befreundeten japanischen Philosophen, mir zu erklären, wie es möglich sei, dass sich die Bauern vernünftigerweise den Geist Hamaguchis an einem Ort vorstellen konnten, während sein lebender Körper anderswo weile. Ich fragte auch, ob es vielleicht nur eine seiner Seelen wäre, die sie zu seinen Lebzeiten angebetet hatten, und ob sie annähmen, dass diese bestimmte Seele sich von den übrigen losgelöst habe, um die Anbetung entgegenzunehmen?

„Die Bauern," antwortete mein Freund, „stellen sich den Geist eines Menschen als etwas vor, das selbst zu seinen Lebzeiten an vielen Orten zugleich sein könne. Eine solche Vorstellung ist natürlich von den abendländischen Vorstellungen der Seele ganz verschieden."

„Wohl vernünftiger als die abendländischen?" fragte ich scherzend.

„Nun“, antwortete er mit einem buddhistischen Lächeln, „wenn wir die Einheit alles Geistes annehmen, könnte der Glaube des japanischen Bauers immerhin einen Schatten von Wahrheit enthalten, und das ist mehr, als sich von Ihren abendländischen Lehren über die Seele behaupten lässt.“

Ningyō no Haka

Manyemon führte die Kleine ins Haus und setzte ihr einen Imbiss vor. Sie schien ungefähr elf Jahre alt, sah intelligent aus und hatte einen Ausdruck von rührender Fügsamkeit. Man nannte sie Ine, was „Sprießender Reis" bedeutet, und ihre zarte Schlankheit entsprach dem Namen.

Als sie auf Manyemons sanfte Überredung ihre Geschichte zu erzählen begann, war ich sogleich auf etwas Seltsames gefasst, weil ihre Stimme plötzlich einen so andern Klang annahm. Sie sprach in einem hohen, dünnen, süßen Ton, vollkommen gleichmäßig, unbewegt und monoton, wie das Summen des kleinen Kessels über dem Kohlenbecken. In Japan kann man häufig Mädchen oder Frauen in einem solchen gleichmäßigen durchdringenden Tone etwas Erschütterndes, Grausiges oder furchtbares sagen hören, aber nie etwas Gleichgültiges. Es bedeutet immer, dass die Gefühle durch Selbstbeherrschung unterdrückt werden.

„Wir waren unser sechs daheim," sagte Ine, „Mutter, Vater und Vaters Mutter, die sehr alt war, mein Bruder, ich und eine kleine Schwester. Vater war ein Hyōguya (Tapezierer). Er überzog Wandschirme mit Papier und montierte auch Kakemonos. Mutter war eine Friseurin, mein Bruder Lehrling bei einem Siegelschneider. Vater und Mutter verdienten viel, Mutter sogar noch mehr als Vater. Wir hatten gute Kleider und gutes Essen und kannten keinen Kummer, bis Vater erkrankte.

Es war mitten in der heißen Jahreszeit. Vater war immer gesund gewesen. Wir dachten nicht, dass seine Krankheit gefährlich wäre, und er selbst nahm sie auch nicht schwer. Aber schon am nächsten Tage starb er. Es kam uns ganz unerwartet. Mutter versuchte ich Herz zu verbergen und ihre Kunden wie früher zu bedienen. Aber sie war nie sehr kräftig gewesen, und der Kummer über Vaters Tod war zu schnell gekommen. Acht Tage nach Vaters Begräbnis starb auch Mutter. Es kam so plötzlich, dass niemand es glauben wollte. Da sagten uns die

Nachbarn, dass wir sogleich ein Ningyō no Haka machen müssten, sonst würde sich noch ein Todesfall in unserem Hause ereignen. Mein Bruder gab ihnen Recht, aber verschob, zu tun, was man ihm gesagt hatte. Vielleicht hatte er nicht genug Geld, ich weiß es nicht, aber der Haka wurde nicht gemacht.

„Was ist ein Ningyō no Haka?" unterbrach ich.

„Ich glaube," sagte Manyemon, „dass der Herr, ohne es zu wissen, schon viele Ningyō no Haka gesehen haben muss. Sie sehen genauso aus wie Kindergräber. Man glaubt, dass, wenn im selben Jahr zwei Personen aus einer Familie sterben, bald noch eine dritte nachfolgen muss. Es heißt: ‚Immer drei Gräber.' Wenn also zwei Personen aus einer Familie im selben Jahre begraben wurden, schaufelt man neben den Gräbern dieser zwei noch ein drittes und stellt einen Sarg hinein, der aber nur eine kleine Strohfigur enthält, Wara Ningyō, und über dem Grabe wird ein kleiner Grabstein aufgerichtet, der ein Kaimyō[37] trägt. Die Priester des Tempels, zu welchem der Friedhof gehört, schreiben das Kaimyō auf diese kleinen Grabsteine. Man glaubt, durch solche Ningyō no Haka einen dritten Todesfall verhüten zu können... Erzähle weiter, Ine."

Das Kind fuhr fort: „Wir blieben also noch unser vier, Großmutter, mein Bruder, ich selbst und meine kleinere Schwester. Mein Bruder war neunzehn Jahre alt. Er hatte seine Lehrzeit gerade vor Vaters Tod beendet, und wir sahen darin eine Gnade der Götter. Er war nun das Haupt der Familie geworden. Er war sehr geschickt in seinem Beruf und hatte viele Freunde. Deshalb konnte er uns erhalten. Schon im ersten Monat verdiente er dreizehn Yen, das ist sehr viel für einen Siegelschneider. Aber eines Abends kam er krank nach Hause und klagte über Kopfschmerzen. Seit Mutters Tod waren siebenundvierzig Tage vergangen. Schon an diesem Abend konnte er nichts mehr essen, und am nächsten Morgen vermochte er nicht mehr aufzustehen, er hatte sehr hohes Fieber. Wir pflegten ihn so gut wir konnten, und durchwachten die Nächte bei ihm, aber es wurde nicht besser. Am Morgen des dritten Tages seiner Krankheit erschraken wir sehr, weil er von

[37] Der posthume buddhistische Name der begrabenen Person wird auf den Grabstein oder Haka geschrieben.

Mutter zu sprechen begann. Es war der neunundvierzigste Tag nach Mutters Tode, der Tag, wo die Seele das Haus verlässt und unser Bruder sprach, als ob Mutter ihn riefe: ‚Ja, Mutter, ja! – ich komme gleich!' Dann sagte er uns, dass Mutter ihn beim Ärmel ziehe. Er deutete mit der Hand und rief: ‚Da ist sie! – da! Seht ihr sie nicht?' Wir sagten ihm, dass wir nichts sehen könnten. Da rief er: ‚Ah! Ihr habt nicht schnell genug aufgeschaut – jetzt versteckt sie sich – sie ist unter die Bodenmatte geschlüpft.' Den ganzen Morgen redete er so irre. Endlich stand Großmutter auf, stampfte mit dem Fuß auf den Boden und machte Mutter Vorwürfe. Sie sprach sehr laut. ‚Taka!' sagte sie, ‚Taka, was du tust, ist sehr unrecht. Solange du lebtest, haben wir dich alle geliebt, niemand hat dir je ein böses Wort gesagt, warum willst du uns jetzt den Knaben nehmen? Du weißt, dass er die einzige Stütze unseres Hauses ist. Du weißt, dass, wenn du ihn fortnimmst, niemand da sein wird, unseren Ahnen die Gaben darzubringen. Du weißt, wenn du ihn fortnimmst, wirst du den Namen unserer Familie zerstören. O Taka, es ist grausam! Es ist schmählich! Es ist gottlos!' Großmutter war so erregt, dass sie am ganzen Körper zitterte. Dann setzte sie sich nieder und weinte. Und ich und mein kleines Schwesterehen weinten auch. Aber unser Bruder sagte, dass Mutter ihn noch immer am Ärmel ziehe. Als die Sonne unterging, starb er. Großmutter weinte und streichelte uns und sang ein kleines Lied, das sie selbst gemacht hatte. Ich erinnere mich noch daran:

Oya no nai ko to
Hamabe no chidori:
Higure higure ni
Sodé hiboru[38]

[38] „Kinder ohne Eltern gleichen den Möwen der Seeküste. Abend um Abend werden die Ärmel ausgerungen." Das Wort „chidori" – auf viele Arten von Vögeln unterschiedslos angewendet – ist hier für Seemöwe gebraucht. Man glaubt, dass der Ruf der Seemöwe Melancholie und Verzweiflung ausdrückt: daher der Vergleich. Die langen Ärmel des japanischen Gewandes werden sowohl benutzt, um die Tränen zu trocknen, als um in Augenblicken des Kummers das Gesicht zu verhüllen. „Den Ärmel ausringen" – das heißt die Feuchtigkeit von einem tränenbenetzten Ärmel auswinden – ist eine in der japanischen Poesie häufig vorkommende Redewendung.

So wurde also das dritte Grab geschaufelt, aber es war kein Ningyō no Haka. Und dies war das Ende unseres Hauses. Wir lebten mit Großmutter bei Verwandten bis zum Winter, wo sie starb. Sie starb in der Nacht, niemand wusste etwas davon. Am Morgen schien sie zu schlafen, aber sie war tot. Dann wurden mein Schwesterchen und ich voneinander getrennt. Meine Schwester nahm ein Tatamiya, ein Mattenflechter, zu sich, einer von Vaters Freunden. Sie wird gut behandelt, man schickt sie sogar zur Schule."

„Aa fushigi na koto da! – aa komatta ne?" murmelte Manyemon. Dann herrschte einige Augenblicke ein teilnahmsvolles Schweigen. Ine warf sich mit Danksagungen zu Boden und erhob sich dann, um fortzugehen. Als sie mit ihren Füßen in die Sandalen schlüpfte, näherte ich mich der Stelle, wo sie gesessen hatte, um an Manyemon eine Frage zu richten. Sie bemerkte meine Absicht sogleich und machte dem alten Mann ein nicht zu beschreibendes Zeichen, das dieser erwiderte, indem er mich verhinderte, mich neben ihm niederzulassen, was ich gerade tun wollte.

„Sie wünscht," sagte er, „der Herr möge geruhen, zuerst auf die Matte zu klopfen."

„Aber warum?" fragte ich erstaunt und fühlte dabei mit meinem unbeschuhten Fuß, dass die Stelle, wo die Kleine gekniet hatte, noch warm war.

Manyemon antwortete: „Sie glaubt, dass, wenn man sich auf eine Stelle setzt, die der Körper eines andern erwärmt hat man all den Kummer dieser anderen Person in sein eigenes Leben aufnimmt, es sei denn, dass man zuerst auf die Stelle geklopft habe."

Worauf ich mich, ohne den Ritus zu vollziehen, auf den Platz setzte – und wir lachten beide.

„Ine," sagte Manyemon, „der Herr nimmt deinen Kummer auf sich. Er möchte" – (ich kann hier Manyemons blumenreiche Sprache nicht wiedergeben) „er möchte den Schmerz anderer verstehen. Du brauchst nichts für ihn zu fürchten."

Erzählung der Wiedergeburt Katsugorōs

Einführende Bemerkung des Priesters Teikin

Dies ist der Bericht über ein wahrhaftiges Vorkommnis, denn er ist von Matsudaira Kwanzan Sama geschrieben, der sich in eigener Person am zweiundzwanzigsten Tage des dritten Monats dieses Jahres hinbegab (nach Nakanomura), um über die Sache Erkundigungen einzuziehen. Nachdem er mit Katsugorō einige Worte gewechselt hatte, befragte er die Großmutter des Knaben eingehend über jede Einzelheit und schrieb die Antworten genauso nieder, wie sie gegeben wurden.

Später geruhte der besagte Kwanzan Sama, diesen Tempel am vierzehnten Tage dieses vierten Monats zu besuchen und mir in eigener Person über den Besuch bei der Familie des obengenannten Katsugorō zu berichten. Ferner gestattete er mir, am zwanzigsten Tage desselben Monats in das vorerwähnte Schreiben Einsicht zu nehmen Und ich machte von dieser Gunst Gebrauch, indem ich sogleich eine Abschrift des Schriftstücks anfertigte.

(Gezeichnet) TEIKIN SO, Sengaku-ji

Faksimile des Kaki-han oder Privat-Handsiegels des Priesters

Den einundzwanzigsten Tag des vierten Monats des sechsten Bunsei-Jahres (1823)

Kopie des in volkstümliche Sprache abgefassten Berichtes von Matsudaira Kwanzan Dono (Daimyō)

Als Katsugorō im elften Monat des vergangenen Jahres mit seiner älteren Schwester Fusa eines Tages in den Reisfeldern spielte, fragte er sie:

„Ältere Schwester, wo warst du, ehe du in unserem Haushalt geboren wurdest?“

Fusa antwortete ihm: "Wie kann ich wissen, was mit mir geschah, ehe ich geboren wurde?“

Katsugorō sah sie erstaunt an und rief: „Du kannst dich also an nichts erinnern, was vor deiner Geburt geschah?“

„Kannst du dich denn erinnern?“ fragte Fusa.

„Gewiss,“ antwortete Katsugorō. „Ich war der Sohn Kyūbei-Sans aus Hodokubo, und ich hieß damals Tōzō, - weißt du das gar nicht?“

„Ah!“ sagte Fusa. „Das muss ich den Eltern erzählen.“

Da aber brach Katsugorō in Tränen aus und rief: „Bitte, sage es nicht! Ich möchte nicht, dass Vater und Mutter es erfahren.“

Fusa besann sich ein wenig und sagte dann: „Nun gut, diesmal will ich es nicht sagen, aber wenn du wieder unartig bist, dann sage ich es.“

Seit diesem Tage pflegte die Schwester bei dem geringsten Streit dem Bruder zu drohen: „Schon gut, ich werde es Vater und Mutter erzählen.“ Daraufhin fügte sich der Knabe immer der Schwester. Dies wiederholte sich öfters. Aber eines Tages hörten die Eltern zufällig, wie Fusa dem Kleinen drohte, und glaubten, dass Katsugorō etwas Unrechtes getan habe. Natürlich wollten sie wissen, was für eine Bewandtnis es damit hatte, und sie drangen in Fusa, die ihnen die Wahrheit verriet. Genzō und seiner Frau, und Tsuya, der Großmutter Katsugorōs, kam die Sache sehr seltsam vor. Sie riefen Katsugorō herbei und versuchten, erst durch Zureden und dann durch Drohungen aus ihm herauszubringen, was er eigentlich mit seinen Worten gemeint habe.

Nach kurzem Zögern sagte der Knabe: „Ich will euch etwas erzählen. Ich war der Sohn Kyūbei-Sans aus Hodokubo, und meine damalige Mutter hieß O-Shidzu San. Als ich fünf Jahre alt war, starb Kyūbei-San, und an seine Stelle kam ein anderer Mann, mit Namen Hanshirō San, der mich sehr liebte. Aber im nächsten Jahre, als ich sechs Jahre alt war, starb ich an den Blattern. Drei Jahre später ging ich in den ehrenwerten Schoß Mutters ein und wurde wiedergeboren.“

Die Eltern und die Großmutter des Knaben waren über seine Mitteilungen höchlichst erstaunt und beschlossen, nach Hanshirō aus Hodokubo Nachforschungen anzustellen. Aber da sie von früh bis spät für ihren Lebensunterhalt sehr hart arbeiten mussten, blieb ihnen sehr wenig Zeit für andere Dinge übrig, und so konnten sie ihre Absicht nichtgleich ausführen.

Die Mutter Katsugorōs, Sei, musste jede Nacht ihre kleine Tochter Tsune säugen, die vier Jahre alt war[39], und Katsugorō schlief deshalb bei seiner Großmutter Tsuya. Manchmal pflegte er, wenn er schon zu Bette lag, mit ihr zu plaudern. Eines Nachts, als er in einer sehr mitteilsamen Stimmung war, brachte sie ihn dazu, ihr zu erzählen, was sich zugetragen hatte, als er gestorben war. Er sagte: „Bis zu meinem vierten Jahre konnte ich mich an alles erinnern, aber seither bin ich immer vergesslicher und vergesslicher geworden, und nun entfallen mir sehr sehr viele Dinge. Aber ich weiß noch genau, dass ich an den Blattern starb. Ich erinnere mich, dass man mich in einen großen irdenen Topf legte[40], und daß ich auf einem Hügel begraben wurde. In die Erde war ein Loch gegraben, und in dieses Loch ließen die Leute den Topf fallen. Er fiel – bums! Ich erinnere mich noch genau an den Klang. Dann kehrte ich auf irgendeine Weise in das Haus zurück und ruhte dort auf meinem eigenen Kissen[41]. Nach kurzer Zeit kam ein Mann, der aussah wie ein Großvater, und nahm mich mit. Ich weiß nicht, wer oder was er war. Ich ging durch die Luft, so als ob ich fliegen würde. Ich erinnere mich, dass es weder Tag noch Nacht war: es war immer wie zur Zeit der Dämmerung. Ich fühlte weder Kälte noch Hitze, noch Hunger. Ich glaube, wir gingen sehr weit, aber noch immer vernahm ich leise die

---

[39] Bei den ärmeren Klassen Japans werden die Kinder erst in einem viel späteren Alter entwöhnt, als es in unseren Ländern gebräuchlich ist.

[40] Von urältester Zeit an war es in Japan Sitte, die Toten in großen Töpfen zu begraben – gewöhnlich in irdenen Gefäßen, Kame genannt. Solche Töpfe werden noch jetzt benutzt, obgleich die meisten Toten in Holzsärgen, die eine im Abendlande unbekannte Form haben, begraben werden.

[41] Damit ist nicht das Sichniederlegen mit dem Kissen unter dem Kopf gemeint, sondern ein Umschweben des Polsters, ungefähr wie ein Insekt es tun würde. Man sagt, dass der körperlose Geist immer nur auf dem Dache des Hauses ruhe. Die Erscheinung des alten Mannes, auf den sich der nächste Satz bezieht, scheint mehr eine schintōistische als eine buddhistische Vorstellung.

Stimmen daheim und den Schall des Nembutsu[42], das für mich gesprochen wurde. Ich erinnere mich auch, dass, wenn die Leute daheim Gaben von heißem Botamochi[43] vor den Hausaltar (butsudan) stellten, ich den Dampf einsog… Großmutter, vergiss nie, warme Speisen vor die verehrten Toten (Hotoké-Sama) zu stellen, und vergiss auch nicht an die Priester! Ich glaube, es ist sehr gut, all dies zu tun[44]… Dann weiß ich, dass nunmehr der alte Mann mich auf irgendeinem Umweg hierher führte. Ich erinnere mich auch, dass wir über den Weg hinter dem Dorfe gingen. Dann kamen wir her und er wies auf dieses Haus und sagte zu mir: ‚Nun musst du wiedergeboren werden, denn es ist jetzt drei Jahre her, dass du gestorben bist. In diesem Hause sollst du wiedergeboren werden. Die Frau, die deine Großmutter werden wird, ist sehr freundlich, so dass es sehr gut für dich sein wird, hier wiedergeboren zu werden.' Nach diesen Worten ging der alte Mann fort. Ich blieb eine kleine Weile unter dem Kakibaum vor dem Eingang dieses Hauses. Dann wollte ich eintreten, als ich drinnen sprechen hörte: irgendjemand sagte, dass Mutter jetzt nach Yedo in Dienst gehen müsse, weil Vater so wenig verdiente. Ich dachte: ‚Ich will nicht in dieses Haus gehen' und blieb drei Tage lang im Garten. Am dritten Tage stellte es sich heraus, dass Mutter doch nicht nach Yedo zu gehen brauchte. In derselben Nacht gelangte ich durch ein Astloch in dem Schiebeladen in das Haus, und dann blieb ich drei Tage langneben dem Kamado[45]. Dann ging ich in Mutters ehrenwerten Schoß ein[46]… Ich erinnere mich,

---

[42] So nennt man die Wiederholung der buddhistischen Anrufung „Namu Amida Butsu!“ Das Nembutsu wird außer von der eigentlichen Amidasekte – der Shinshū – noch von vielen buddhistischen Sekten gesprochen.

[43] Botamochi, eine Art von gezuckertem Reiskuchen.

[44] Ein solcher Rat ist in der japanischen buddhistischen Literatur ein Gemeinplatz. Mit Hotoke Sama meint hier der Knabe nicht die eigentlichen Buddhas, sondern die Geister der Toten, die von denen, die sie lieben, vertrauensvoll Buddhas genannt werden, gleich wie wir im Abendland von unseren Toten zuweilen als von Engeln sprechen.

[45] Die Feuerstätte in einer japanischen Küche. Manchmal wird das Wort mit „Kochherd“ übersetzt, aber das Kamado ist etwas von dem abendländischen Kochherd ganz Verschiedenes.

[46] Hier glaube ich, ein paar für den abendländischen Geschmack ein wenig zu naturalistische, aber nicht uninteressante Sätze auslassen zu müssen. Der Sinn

dass ich ohne jeglichen Schmerz geboren wurde. Vater und Mutter kannst du es sagen, Großmutter, aber bitte, sage es sonst niemand."

Die Großmutter berichtete Genzō und seiner Frau, was Katsugorō ihr erzählt hatte. Seither hatte der Knabe keine Scheu mehr, sich mit seinen Eltern über seine frühere Existenz auszusprechen und sagte Ihnen oft: „Ich möchte nach Hodokubo gehen. Bitte, lasst mich das Grab Kyūbei-Sans besuchen." Genzō dachte, dass Katsugorō wohl bald sterben würde, weil er ein so seltsames Kind sei, und dass es deshalb besser wäre, gleich nachzuforschen ob es in Hodokubo wirklich einen Mann namens Hanshirō gebe. Aber er wollte sich nicht persönlich erkundigen, weil es (unter solchen Umstanden) taktlos und unbescheiden gewesen wäre. Anstatt deshalb selbst zu gehen, bat er am zwanzigsten Tage des ersten Monats dieses Jahres seine Mutter Tsuya, mit ihrem Enkel hinzufahren.

Tsuya begab sich also mit Katsugorō nach Hodokubo. Und als sie das Dorf betraten, wies sie auf die nähergelegenen Häuser und fragte den Knaben: „Welches Haus ist es? Ist es dieses Haus oder jenes?" „Nein", antwortete Katsugorō, „es ist weiter weg, viel weiter weg." Und er lief vor ihr her. Endlich wies er auf ein Häuschen und rief: „Dies ist das Haus!" und eilte hinein, ohne auf seine Großmutter zu warten. Tsuya folgte ihm und fragte die Bewohner nach dem Namen des Hausbesitzers. „Hanshirō", sagte einer von ihnen. Sie fragte nach dem Namen von Hanshirōs Frau. „Shidzu", war die Antwort. Dann fragte sie, ob in diesem Hause jemals ein Knabe namens Tōzō geboren worden sei. „Ja, " war die Antwort, aber dieser Knabe starb vor dreizehn Jahren in seinem sechsten Lebensjahre."

Nun war Tsuya zum ersten Male überzeugt, dass Katsugorō die Wahrheit gesprochen, und sie konnte sich der Tränen nicht erwehren. Sie erzählte den Hausleuten alles, was Katsugorō ihr über seine Erinnerungen an seine frühere Geburt gesagt hatte. Und Hanshirō und seine Frau verwunderten sich sehr darüber. Sie liebkosten Katsugorō und weinten und sagten, dass er viel schöner sei, als er als Tōzō gewesen, bevor er im sechsten Jahre starb. Inzwischen sah Katsugoro sich überall

---

dieser ausgelassenen Stellen ist nur, dass sich das Kind selbst im Mutterschoß rücksichtsvoll und nach den Vorschriften der kindlichen Pietät betrug.

um, und als sein Blick auf das Dach eines Tabakladens dem Hause gegenüber fiel, wies er darauf und sagte: „Der war damals nicht da." Und fügte dann hinzu: „Der Baum drüben war auch nicht da." So verhielt es sich auch. Da schwand bei Hanshirō und seiner Frau jeder Zweifel (ga wo orishi).

Am selben Tage kehrten Tsuya und Katsugorō nach Tanitsuiri, Nakano-mura zurück. Und seither schickte Genzō seinen Sohn öfters in das Haus Hanshirōs und erlaubte ihm, das Grab Kyūbeis, seines ehemaligen leiblichen Vaters zu besuchen.

Zuweilen sagte Katsugorō: „Ich bin ein Nono-Sama[47], deshalb bitte, seid gut gegen mich." Manchmal sagte er auch zu seiner Großmutter: „Ich glaube, ich werde in meinem sechzehnten Jahre sterben. Aber wie Ontake-Sama[48] uns gelehrt hat, ist der Tod nicht etwas, wovor man sich

---

[47] Nono-San oder (Sama) ist die kindliche Bezeichnung für die Geister der Toten, für die Buddhas und die Shintōgötter (Kami). Nono-San wo ogamu – „zu Nono-San beten", ist die kindliche Bezeichnung für das Beten zu den Göttern. Die Geister der Ahnen werden nach der Shintō-Vorstellung None-San, – Kami.

[48] Der Hinweis auf Ontake-Sama ist hier von besonderem Interesse und bedarf einer besonderen Erläuterung.
Ontake oder Mitake ist der Name eines berühmten heiligen Gipfels in der Provinz Shinano – ein großer Wallfahrtsort für Pilger. Während des Tokugawa-Shōgunates unternahm ein Priester der Risshū-Buddhisten, namens Isshin, eine solche Wallfahrt zu diesem Berge. Bei seiner Rückkehr in seinen Geburtsort (Sakamoto-chō, Shitaya, Yedo), begann er neue Lehren zu predigen und erlangte kraft der Tugenden, die er sich während der Pilgerschaft nach Ontake erworben haben wollte, einen Ruf als Wundertäter. Das Shōgunat hielt ihn für einen gefährlichen Menschen und verbannte ihn auf die Insel Hachijō wo er einige Jahre verblieb. Späterhin gestattete man ihm, nach Yedo zurückzukehren und dort seinen neuen Glauben zu predigen, welchem er den Namen Azuma-Kyō gab. Es waren buddhistische Lehren in shintōistischer Verkleidung. Die von seinen Anhängern angebeteten Ohokuninushi und Sakuna-hi-Kona waren buddhistische Avatars (in der Sanskrit-Mythologie Verkörperungen göttlicher Wesen beim Herabsteigen zur Erde).
In einem Gebete der Kaibyaku-Norito genannten Sekte heißt es: „Die göttliche Natur ist unbeweglich (fudō), aber sie bewegt sich doch. Sie ist formlos, aber sie manifestiert sich in Formen. Dies ist der unbegreifliche Göttliche Körper, im Himmel und auf Erden wird er Kami genannt, in allen Dingen wird er Geist genannt, im Menschen wird er Vernunft genannt… Aus dieser einen Realität

zu fürchten braucht." Wenn ihn seine Eltern fragten: „Möchtest du nicht ein Priester werden?" antwortete er: „Ich möchte lieber kein Priester sein."

Die Dorfleute nennen ihn nicht mehr Katsugorō; sie haben ihm den Spitznamen Hodokubo-Kozō (der Akolyt von Hodokubo) gegeben.[49] Kommt irgendjemand ins Haus, der ihn sehen will wir der gleich kopfscheu und läuft fort, um sich im Inneren des Hauses zu verstecken. So ist es nicht möglich, mit ihm eine direkte Unterredung zu haben. Ich habe diesen Bericht genauso niedergeschrieben, wie mir ihn seine Großmutter gegeben hat. Ich fragte, ob Genzō, seine Frau oder Tsuya sich erinnern könnten, jemals eine verdienstvolle Tat vollbracht zu haben. Genzō und seine Frau sagten, dass sie nie irgendetwas beson-

---

sind die Himmel hervorgegangen, die vier Ozeane, das große All der dreitausend Universen. Aus dem Einen Geiste gehen tausende und abertausende von Formen hervor…"

Im elften Bunkwa-Jahre (1814) gründete ein Mann namens Shimoyama Osuke (ursprünglich ein Ölhändler in Heiyemon-chō, Asakusa, Yedo), von den Lehren Isshins ausgehend, eine religiöse Bruderschaft namens Tomoye-Kyō. Diese blühte bis zum Sturze des Shōgunats, wo ein Gesetz erlassen wurde, das das Predigen von Mischlehren und das Verschmelzen der shintōistischen mit der buddhistischen Lehre verbot. Shimoyama Osuke erbat dann die Erlaubnis zur Gründung einer neuen Shintō-Sekte unter dem Namen Mitake-Kyō, im Volksmunde Ontake-Kyō genannt, und die Erlaubnis dazu wurde ihm im sechsten Meiji-Jahre (1873) erteilt. Osuke arbeitete dann das buddhistische Sutra Fudō Kyō zu einem shintōistischen Gebetbuch um, dem er den Namen Shintō-Fudō-Norito gab. Die Sekte besteht noch, und einer ihrer Haupttempel liegt ungefähr eine Meile von meiner jetzigen Wohnung in Tokyō entfernt.

„Ontake San" (oder „Sama") ist der Name, mit dem das Volk die von dieser Sekte angebeteten Gottheiten bezeichnet. Ursprünglich bedeutet er die Gottheit, die auf dem Gipfel Mitake oder Ontake wohnt. Aber der Name wird manchmal auch dem Hohepriester der Sekte beigelegt, von dem man annimmt, dass er von der Gottheit von Ontake prophetisch inspiriert wird. Im Munde des Knaben Katsugorō bedeutet „Ontake Sama" den Hohepriester jener Zeit (1823), gewiss Osuke selbst, der damals das Oberhaupt der Tomoye-Kyō war.

[49] Kozō ist der Name, den man einem buddhistischen Akolythen gibt, einem Jüngling, der sich dem Priesterberuf weiht. Aber manchmal wird er auch auf Laufburschen und jugendliche Diener angewendet, vielleicht weil in früherer Zeit die Köpfe der kleinen Jungen auch rasiert wurden. Ich glaube, dass im vorliegenden Texte der Sinn von Kozō „Akolyth" ist.

ders Verdienstvolles getan hätten, aber dass Tsuya, die Großmutter, die Gewohnheit hatte, jeden Morgen und Abend das Nembutsu zu wiederholen, und es nie unterlassen hat, allen Priestern oder Pilgern, die an ihre Türe kamen, zwei Mon[50] zu geben. Aber außer diesen kleinen Dingen hatte sie nie irgendetwas getan, das als eine besonders tugendhafte Handlung bezeichnet werden könnte.

Vielleicht wird nun jemand unvernünftig genug sein, zu fragen, ob ich diese Geschichte glaube – als ob mein Glaube oder Unglaube irgendetwas mit dieser Sache zu tun hätte! Die Frage der Möglichkeit, sich seiner früheren Geburten zu erinnern, scheint mir mit der Frage zusammenzuhängen, was denn eigentlich das ist, das sich erinnert. Ist es das unendliche All-Selbst in jedem von uns, dann glaube ich die ganze Jatakas ohne das geringste Bedenken. Was nun das falsche Selbst betrifft, das bloße Gewebe von Empfindungen und Wünschen, kann ich meine Vorstellung darüber am besten erklären, wenn ich einen Traum erzähle, den ich einst träumte. Ob es ein Nachttraum oder ein Tagtraum war, braucht niemanden zu bekümmern, da es doch eben nur ein Traum war.

Dies ist das Ende der Erzählung von der Wiedergeburt Katsugorōs.

[50] Zu dieser Zeit der Name der kleinsten Münze – 1/10 eines Cents. Sie war ungefähr der jetzt Rin genannten Münze gleich, eine mit chinesischen Schriftzeichen bedeckte Kupfermünze mit einem viereckigen Loch in der Mitte.

Urashima Tarō

Wer einmal die Geschichte hört, dem kommt sie nimmer aus dem Sinn. Jeden Sommer, wenn ich an der Küste bin, besonders an sehr milden, stillen Tagen, verfolgt sie mich unablässig. Sie wird auf sehr verschiedene Weise erzählt, und zahllose Künstler haben dazu Inspiration für ihre Werke geschöpft, aber die eindrucksvollste und älteste Version ist in der „Manyōshu" enthalten, einer Gedichtsammlung, die den Zeitraum vom fünften bis neunten Jahrhundert umfasst. Aus dieser alten Überlieferung übertrug sie der große Gelehrte Aston in Prosa, und der große gelehrte Chamberlain sowohl in Prosa wie in Verse. Mit diesem Büchlein vor mir, das von einheimischen Künstlern entzückend illustriert ist, will ich versuchen, die Legende mit meinen eigenen Worten zu erzählen.

Vor vierzehnhundertsechzehn Jahren verließ der Fischerknabe Urashima Tarō in seinem Boote das Ufer von Suminojé. Es waren Sommertage damals wie heute, traumhaft duftig, zart blau, mit nur vereinzelten, leichten weißen, über dem Meeresspiegel schwebenden Wolkenflocken. Es waren auch dieselben Hügel, ferne, blaue, weiche Gebilde, die mit dem blauen Himmel verschmolzen, und die Winde waren träge.

Und auch der Fischerknabe war träge und ließ beim Fischen das Boot gleiten. Es war ein wunderliches Boot, unbemalt und steuerlos, von einer Form, wie ihr sie wohl nie zu Gesicht bekommen habt. Aber noch heute nach vierzehnhundert Jahren kann man solche Boote in den Fischerdörfern der japanischen Meeresküste sehen. Endlich nach langem Warten fing Urashima etwas und zog es herauf, aber er sah, dass es nur eine Schildkröte war.

Nun ist aber die Schildkröte dem Drachengott des Meeres geweiht, und die Dauer ihrer natürlichen Lebenszeit beträgt tausend, ja manche behaupten zehntausend Jahre, so dass, sie zu töten, eine große Sünde ist. Der Knabe machte sie also behutsam von der Angel los und ließ sie, mit einem Gebet zu den Göttern, wieder frei.

Aber dann fing er nichts mehr. Und der Tag war sehr heiß, und Meer und Luft und alles ringsum war sehr, sehr still. Und große Schläfrigkeit befiel den Knaben, und er entschlummerte in dem gleitenden Kahn.

Da tauchte aus den träumenden fluten ein schönes Mädchen empor, ganz so, wie es auf dem Bilde in Professor Chamberlains „Urashima" zu sehen ist, in Gewändern von Karminrot und Blau. Lange schwarze Haare fluteten über ihren Rücken bis hinab zu den Füßen, wie es vor vierzehnhundert Jahren für eine Fürstentochter Brauch war.

Über das Wasser gleitend näherte sie sich sacht wie ein Lufthauch, neigte sich über den Knaben in dem Kahn, erweckte ihn mit einer leisen Berührung und sagte:

„Wundere dich nicht! Mein Vater, der Drachenkönig des Meeres, hat mich zu dir entsendet, um deines gütigen Herzens willen. Denn heute hast du eine Schildkröte freigelassen. Und nun wollen wir uns in den Palast meines Vaters begeben, auf jenes Eiland, wo der Sommer niemals stirbt und ich werde deine Blumenfrau sein wenn du es willst, und wir werden glücklich leben, für immerdar!"

Und Urashirna wunderte sich immer mehr und mehr, als er sie ansah, denn sie war schöner, als irgendein Menschenkind, und er konnte nicht anders, er musste sie lieben.

So ergriff er ein Ruder und sie das andere und sie ruderten miteinander fort, ganz so wie man noch jetzt weit draußen an der Westküste Mann und Frau zusammenrudern sehen kann, wenn die Fischerboote in das Abendrot gleiten.

Sie ruderten fort, leicht und hurtig über das stille, blaue Wasser, hinab in den Süden, bis sie zu dem Eiland kamen, wo der Sommer nie stirbt, und zu dem Palaste des Drachenkönigs des Meeres.

(Hier weicht plötzlich der Text des kleinen Büchleins zurück und blaues Wolkengekräusel flutet über das Blatt. Und dahinter an einem magischen Horizont siehst du den langen, niedrigen, weichen Strand des Eilands und ragende Giebeldächer durch immergrünes Laubwerk, die Dächer des Palastes des Meergottes, genau wie der Palast des Mikado-Yuryaku vor vierzehnhundertundsechzehn Jahren.)

Dort eilten zu ihrem Empfang wunderliche Diener in Festgewändern herbei, Meergeschöpfe, die Urashima als des Drachenkönigs Eidam huldigten.

So wurde des Drachenkönigs Tochter Urashimas Gemahlin, und es war eine Hochzeit von wundersamer Pracht und eitel Freude, und Jubel herrschte in dem Drachenpalaste.

Und jeder kommende Tag brachte Urashima neue Wunder und Freuden, Wunder der tiefsten Tiefe von den Dienern des Meergottes an den Tag gebracht, Freuden jenes Zauberreiches, wo der Sommer nie stirbt. Und so verstrichen drei Jahre.

Aber trotz alledem wurde es dem Fischerknaben recht weh ums Herz, wenn er an seine Eltern dachte, die daheim einsam und allein auf ihn warteten. Und endlich litt es ihn nicht länger, und er bat seine Frau, ihn für eine kleine Weile fortzulassen, eben nur so lange, um Vater und Mutter ein Wort zu sagen, dann wolle er wieder zu ihr zurückkehren.

Bei diesen Worten brach sie in Tränen aus. Lange weinte sie still vor sich hin und dann sagte sie: „Da du gehen willst, muss ich dich wohl ziehen lassen. Aber dein Scheiden macht mich sehr bange und mir ist, als würden wir uns nie wiedersehen. Ich will dir aber ein kleines Kästchen auf den Weg geben. Das wird dir helfen, zu mir zurückzukommen, wenn du tust, wie ich dir sage. Öffne es nie, unter keiner Bedingung. Was immer geschehen möge, öffne es nie, denn öffnest du's, findest du nun und nimmer den Weg zu mir zurück, und wir werden uns nie wiedersehen!"

Dann gab sie ihm ein kleines, lackiertes, mit einer Seidenschnur umwundenes Kästchen. (Und dieses Kästchen kann man bis zum heutigen Tag im Tempel Kamagaya am Meeresufer sehen und die Priester dort verwahren auch Urashima Taros Fischgeräte und einige seltsame Geschmeide, die er aus dem Reiche des Drachenkönigs mitgebracht hat.)

Aber Urashima tröstete sein Gemahl und versprach, ihr das Kästchen nie, nie zu öffnen, ja auch nicht einmal die seidene Schnur je zu lockern. Dann glitt er durch das Sommerlicht über das ewig schlummernde Meer, und das Eiland wo der Sommer nie stirbt, versank hinter ihm wie ein Traum und wieder stiegen die blauen Berge Japans vor ihm auf, In der weißen Glut des nördlichen Horizonts noch schärfer hervortretend, und wieder glitt er in die heimatliche Bucht und stand endlich auf dem vertrauten Gestade... Aber als er um sich blickte, überkam ihn großes Staunen, unheimlicher Zweifel, denn das Dorf war dasselbe und doch nicht dasselbe. Seiner Väter Hütte war verschwunden, wohl war da ein Dorf, aber die Form der Häuser war ihm ganz fremd, fremd auch die Felder und die Bäume, ja selbst die Gesichter der Menschen. Fast alle bekannten Merkzeichen waren verschwunden, Der Shintō-Tempel dünkte ihm auf einem anderen Platz auferbaut zu sein, die Wälder waren von den nahen Hängen verschwunden, nur die Stimme des Bächleins, das sich durch das Örtchen schlängelte, und die Formen der Berge schienen die alten. Alles sonst war fremd und unvertraut. Vergebens suchte er nach dem Häuschen seiner Väter. Die Fischer starrten ihn verwundert an, und er konnte sich nicht entsinnen, diese Gesichter je früher gesehen zu haben.

Ein uralter Mann kam auf einen Stock gestützt heran, und Urashima fragte ihn nach dem Weg zu dem Hause der Urashima-Familie, Aber der Alte sah ihn groß an, ließ sich die Frage mehrmals wiederholen und rief endlich:

„Urashima Taro! Ja, woher kommst du denn, dass du seine Geschichte nicht kennst? Sind es doch schon mehr als vierzehnhundert Jahre, dass er ertrunken ist! Seinem Andenken ist auf diesem Friedhof ein Denkstein gesetzt. Die Gräber aller seiner Angehörigen sind auf diesem Friedhof, dem alten Friedhof, der nicht mehr benutzt wird. Urashima Taro! Wie kannst du nur so töricht sein, zu fragen, wo sein Haus ist!"

Und der Alte humpelte weiter, über die Einfalt des Fragers lachend. Urashima aber begab sich zum Dorffriedhof, dem alten, außer Gebrauch gesetzten Friedhof, und siehe, da war sein eigener Grabstein und seines Vaters und seiner Mutter Grabsteine und die seiner Verwandten und die Grabsteine anderer, die er gekannt hatte. So alt waren sie so morsch und grasüberwuchert, dass er nur sehr schwer die Namen darauf entziffern konnte...

Da erkannte er, dass er das Opfer irgendeines Blendwerks sein müsse. Sinnend schlug er wieder den Weg zum Strande ein, immer das Kästchen, die Gabe der Tochter des Meerkönigs, in seiner Hand haltend.

Aber was war dieses Blendwerk? Und was konnte dieses Kästchen enthalten? Oder mochte nicht das, was in dem Kästchen war, die Ursache dieses Blendwerks sein? Der Zweifel siegte über den Glauben, unbedacht brach er das Gelübde, das er der Tochter des Meergottes gegeben hatte, lockerte die seidene Schnur und öffnete das Kästchen! Allsogleich, lautlos, entschwebte ihm ein weißer, kalter, geisterhafter Rauch, der sich in die Lüfte erhob und wie eine Sommerwolke über das schweigende Wasser schnell dahinzutreiben begann. Sonst enthielt das Kästchen nichts...

Da wusste der Fischerknabe, dass er selbst sein Glück zerstört hatte und niemals zu seiner Vielgeliebten, der Tochter des Drachenkönigs zurückkehren könne. In seiner Verzweiflung schrie er laut auf und weinte bitterlich... Aber nur einen Augenblick, im nächsten war er selbst ganz verwandelt. Ein eisiger Schauer erstarrte sein Blut, seine Zähne fielen aus, sein Gesicht schrumpfte zusammen, seine Haare wurden weiß wie Schnee, seine Lebenskraft versiegte, entseelt fiel er auf die Erde, von der Wucht von vierzehnhundert Wintern gefällt...

In den offiziellen Annalen der Kaiser steht nun geschrieben, dass in dem „einundzwanzigsten Jahre des Mikado Yūryaku (478) in dem Distrikt Yosa der Provinz Tang der Knabe Urashima von Midzunoyé, ein Abkömmling der Gottheit Shimanemi, in einem Fischerboot sich nach Elysium (Hōrai) begeben habe". Dann verlautet während der Regierung von einunddreißig Kaisern und Kaiserinnen, d. h. vom fünften bis zum neunten Jahrhundert, nichts mehr über Urashima. Und dann verkünden die Annalen, dass im zweiten Jahre Tenchō (825), zur Regierungszeit des Mikado Junna, der Knabe Urashima zurückkehrte und alsbald wieder spurlos verschwand, niemand wußte zu sagen wohin.[51]

[51] Siehe „Die klassische Poesie der Japaner" von Professor Chamberlain in Trübners Orientalischen Sammlungen. Nach der abendländischen Chronologie ging Urashima im Jahre 477 a.D. zum Fischen und kehrte 825 zurück.

Bildnachweise

Titelseite: Reruhi Akiyama, Statue von Bishamonten am Eingangstor zum Ninna-ji in Kyōto, 2014

S. 9, 14, 22, 29, 36, 39, 45, 50, 58, 83, 96, 101, 109: Genjiro Yeto, Ausschnitte aus den Illustrationen zu "Kottō", Lafcadio Hearn, 1902

Quellen

URASHIMA TARO (Fragment aus “The Dream of a Summer Day”)

aus: *Out of the East: Reveries and Studies in New Japan. Boston, New York. Houghton, Mifflin. 1895*

DIE GESCHICHTE VON HAMAGUCHI GOHEI (Fragment aus „A Living God“)
NINGYŌ NO HAKA (Ningyō-no-Haka)
ERZÄHLUNG DER WIEDERGEBURT KATSUGORŌS (Fragment aus „The Rebirth of Katsugorō“)

aus: *Gleanings in Buddha-Fields: Studies of Hand and Soul in the Far East. Boston, New York. Houghton, Mifflin. 1897*

FURISODÉ (Furisodé)
DER WAHRSAGER (A Story of Divination)
EIN LEIDENSKARMA (A Passional Karma)
HUNDEGEHEUL (Ululation)
INGWA-BANASHI (Ingwa-banashi)
DER TENGU (Story of a Tengu)

aus: *In Ghostly Japan. Boston. Little, Brown and Company. 1899*

DIE LEGENDE VOM YŪREI-DAKI (The Legend of Yurei-daki)
DAS BILD IN DER TEETASSE (In a Cup of Tea)
NÜCHTERNER VERSTAND (Common Sense)
IKIRYŌ (Ikiryō)
SHIRYŌ (Shiryō)
DIE GESCHICHTE DER O-KAMÉ (The Story of O-Kamé)
DIE FLIEGE (Story of a Fly)
DER FASAN (Story of a Pheasant)
DER FALL CHŪGŌRŌ (The Story of Chūgorō)
DER TRAUMFRESSER (The Eater of Dreams)

aus: *Kottō: Being Japanese Curios, with Sundry Cobwebs. New York. The Macmillan Company. 1902*

BIBLIOTHEK MEIJI

In der zweiten Hälfte des 19. Jahrhunderts öffnete sich das zuvor ganz in der eigenen Tradition verhaftete Japan hin zum Westen. Dieser Prozess war untrennbar mit dem Namen des Kaisers Meiji verbunden, der die radikale Umgestaltung der Gesellschaft ermöglichte und begleitete.

In der Reihe BIBLIOTHEK MEIJI werden wiederentdeckte Texte und Fotografien aus der Zeit zwischen 1850 und 1930 präsentiert, die das Aufeinandertreffen von östlicher und westlicher Kultur dokumentieren. Die Bände enthalten neben den historischen Werken begleitende Texte und Kurzbiografien der Autoren oder Fotografen. Sie vermitteln das faszinierende Bild eines Landes am Anfang seines Weges zu einer wirtschaftlichen und politischen Weltmacht.

Klaus Lerch (Hrsg.)

Unheimliche Geschichten aus Japan

Broschur, Glanzpapier
100 Seiten
31 S/W-Abbildungen
ISBN 978-3-945058-03-9

Der Mann an der Felswand

Der gespenstische Tanuki

Die Vampirkatze

Die Höhle von Hiye

Der Schädel

und viele mehr

---

20 unheimliche Geschichten aus Japan, entdeckt im 19. Jahrhundert vom Japanreisenden David Brauns.

Zusammen mit den faszinierenden Fotografien von Herbert Ponting, die vor über hundert Jahren entstanden, zeichnen sie ein Bild der Kultur und Tradition eines Landes, das sich nach Jahrhunderten der Isolation zum Westen hin geöffnet hatte.

Lafcadio Hearn

Die Versöhnung des Samurai

Unheimliche Geschichten aus Japan

Broschur
112 Seiten
2 Seiten Farbdruck
13 S/W-Abbildungen
ISBN 978-3-945058-05-3

Der Schädelberg

Die Legende von Fugen Bosatsu

Das Mädchen aus dem Wandschirm

Der Reiter auf dem Leichnam

Die Kobold-Spinne

und viele mehr

In dieser Sammlung unheimlicher Geschichten aus Japan begegnen uns reumütige Samurai, tapfere Jünglinge und weitgereiste Gelehrte. Sie treffen auf die Geister Verstorbener, Dämonen aus der Unterwelt und auf Berge von Totenschädeln.

Lafcadio Hearns Interpretationen japanischer Mythen und Legenden sind schauerlich unterhaltsam. Zugleich vermitteln sie dem Leser ein tiefes Verständnis von Wertvorstellung und Tradition im alten Japan.

Edition Hearn

In der Reihe EDITION HEARN werden ausgewählte Werke von Lafcadio Hearn veröffentlicht. Der Schriftsteller griechisch-irischer Abstammung lebte von 1890 bis zu seinem Tod im Jahre 1904 in Japan. Durch seine Werke wurde das westliche Bild von Japan Anfang des 20. Jahrhunderts entscheidend geprägt.

Auch heute noch gilt Lafcadio Hearn im Land der aufgehenden Sonne als der Ausländer, der die japanische Kultur und Lebensweise am tiefgründigsten verstanden und beschrieben hat.